Margrit Wipf

Unterwegs auf dem Camino de Levante

Zwei Frauen - beide Ü70 – laufen zu Fuss
1'300 km quer durch Spanien

Einleitung

Im April 2014 stehen zwei Frauen, beide Ü70, vor einer grossen Herausforderung. Ihre Absicht ist es den Camino de Levante zu gehen. Dieser Pilgerweg führt quer durch Spanien, von Valencia am Mittelmeer bis nach Santiago de Compostela, und weiter bis ans Cap Finisterre am Atlantik.

Wer sind die zwei Frauen? Es sind:

Margrit Wipf, geboren und aufgewachsen in Zürich, und heute wohnhaft in Klosters (CH). Sie hatte schon in frühen Jahren begonnen, Reisetagebücher zu schreiben, bis jetzt ausschliesslich zu ihrem privaten Gebrauch. Sie ist die Autorin dieses Buches.

und

Ursula Austermann, wohnhaft in Aachen (D). Sie ist eine begeisterte Pilgerin und ist in der Zwischenzeit bereits alle Caminos de Santiago gegangen.

Seit Frühling 2008 sind beide Frauen, unabhängig voneinander, auf den verschiedensten Caminos de Santiago (Jakobswegen) in Spanien unterwegs. Im Jahr 2010 begegnen sie sich auf dem Camino del Norte (Küstenweg) und laufen zusammen bis nach Santiago de Compostela. Aus dieser Begegnung resultiert eine bis heute andauernde Freundschaft.

Anmerkung: Dieses Buch ist weder als Pilgerführer noch als Reiseführer gedacht. Vielmehr möchte ich Leser*innen auf einen unterhaltsamen und spannenden Pilgerweg mitzunehmen. Ihnen das wunderbare Land Spanien mit vielen unbekannten Gegenden und Facetten näherzubringen. Ein Land, dass die meisten Menschen so nicht kennen.

Impressum

Bibliografische Information der Deutschen Nationalbibliothek:
Die Deutsche Nationalbibliothek verzeichnet diese Publikation
in der Deutschen Nationalbibliografie; detaillierte
bibliografische Daten sind im Internet über http://dnb.dnb.de
abrufbar.

Deutsche Erstausgabe 2021

© 2021 Margrit Wipf

Lektorat: Walter Häni, Regensdorf, Schweiz

Herstellung und Verlag: BoD – Books on Demand, Norderstedt

ISBN: 9783753446042

Anerkennung

Ich möchte mich bei den folgenden Personen bedanken:

Ursula Austermann, dass sie einverstanden war, mit mir den Camino de Levante zu gehen. Allein wäre ich diesen schönen Weg nie gelaufen. Muchas gracias.

Ruth Duppenthaler, meine Schwester, die seit dem Jahr 2009 immer wieder Teile meiner Caminos mitgeht. Es ist immer eine Bereicherung mit dir unterwegs zu sein.

Walter Häni, ein langjähriger Freund, der mir seine Hilfe zum Korrektur Lesen meines Buches spontan angeboten hat. Seine Liebe zum Schreiben, sein scharfes Auge und seine Erfahrung auf Pilgerwegen haben zum guten Gelingen dieses Werkes beigetragen. Muchas gracias.

Theo den Otter, Pilgerfreund aus Holland, ohne seine Berichte und Videos über den Camino de Levante vom Jahr 2013 hätte ich mich evtl. nicht getraut, diesen Weg zu gehen. Vielen Dank.

Karte Camino de Levante

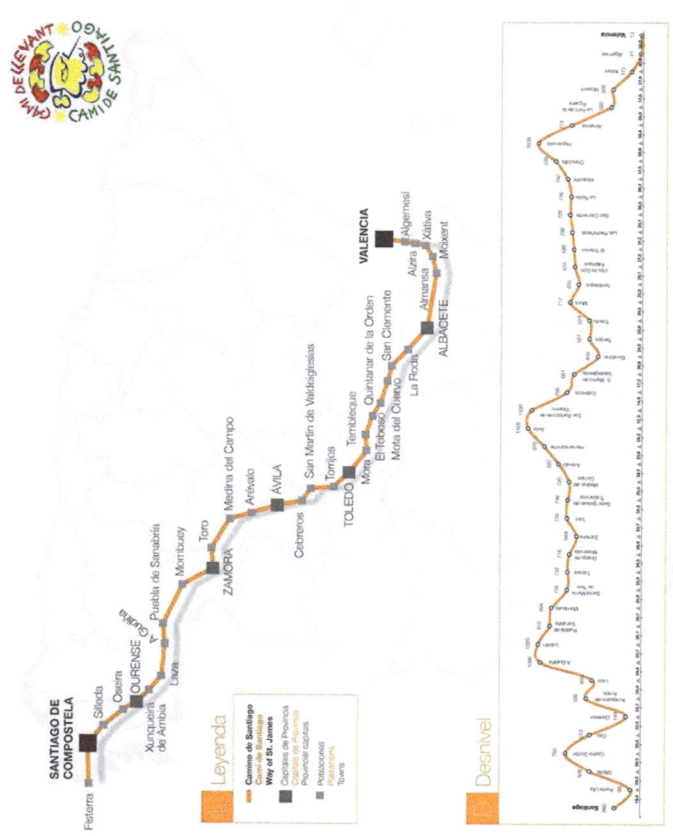

Publiziert mit Erlaubnis der Asociación Amigos del Camino de Santiago-Comunidad Valenciana, die das COPYRIGHT für diese Karte besitzt.

Der Camino de Levante durchquert Spanien von Valencia im Südosten bis nach Santiago de Compostela im äussersten Nordwesten und führt mehrheitlich durch unbekannte und einsame Landschaften.

Zu Beginn verläuft er durch die grossen Orangen- und Pfirsichplantagen südlich von Valencia und durchquert die La Mancha (bekannt aus dem Buch Don Quijote de la Mancha). Er streift die weltberühmten Städte Toledo (UNESCO Weltkulturerbe) hoch über den Fluss Tajo gelegen, Ávila, die höchst gelegene Stadt Spaniens, Toro (mit der imposanten Kirche Colegiata de Santa María la Mayor) und Zamora (die Stadt der Romanik) am Río Duero gelegen. Schlussendlich erreicht der Weg über den Camino Sanabrés die Provinz Galicien und das Ziel Santiago de Compostela.

Im Herbst 2013 reifte in mir der Wunsch, diesen wenig bekannten Camino de Santiago (Jakobsweg) im Frühling 2014 gehen zu wollen. Als ich Ursula Austermann, eine Pilgerfreundin aus Aachen, anfragte, war sie sofort Feuer und Flamme für dieses ambitionierte Projekt. Daraufhin folgte eine intensive Planungszeit. Ich studierte den Pilgerführer, vertiefte mich in die Beschreibung der Etappen, konsultierte die Landkarten und stöberte in meinem Spanien Reiseführer.

Wie immer erstellte ich einen ersten Entwurf für unsere Pilgerreise. Wenn Ursula und ich unsere Etappen-Planung jeweils abglichen, stellten wir immer wieder fest, dass wir nur wenige Anpassungen vornehmen mussten. Irgendwie 'ticken' wir gleich.

Valencia, Besichtigungstag 1

Mitte April 2014. Gestern Nacht bin ich, von Zürich kommend, in Valencia eingetroffen, zusammen mit Ursula. Es ist schönstes Frühlingswetter, und überall blühen Bäume und Blumen. Dazu kommt der betörende Duft der Orangenblüten. In Spanien heissen sie Azahar oder Flor de Azahar. In meinem Reisetagebuch steht, dass Ursula ein Parfum oder ein Eau de Toilette mit diesem Duft kaufen möchte. Vorerst muss das noch warten, wir befinden uns ja erst am Beginn eines langen Pilgerweges quer durch ganz Spanien.

Bevor wir in 2 Tagen losgehen, besichtigen wir die Stadt Valencia, welche eine Fülle an Sehenswürdigkeiten bietet. Schöne Jugendstilbauten, die Kathedrale und der grosse Mercat Central, eine der grössten Markthallen Europas, in der Gemüse, Früchte, Fisch, Fleisch etc. verkauft wird. Zahlreiche Cafés und Restaurants entlang der Strassen, in denen man bei den milden Frühlingstemperaturen einen Kaffee geniessen kann. Im alten Flussbett des Flusses Turía befindet sich ein Komplex der Superlative – La Ciudad de las Artes y Ciencias, futuristische Glas- und Betonbauten, die sich in Wasserbecken spiegeln. Entworfen wurde sie vom weltberühmten Architekten Santiago Calatrava. Irgendwie 'grössenwahnsinnig' schön.

Auf einer Stadtrundfahrt lassen wir Valencia an uns vorbeiziehen. Aus den Kopfhörern ertönt immer wieder die alte Hymne an diese schöne Stadt:

- Valencia, es la tierra de las flores de la luz y del amor
- Valencia, tus mujeres todas tienen de las rosas el color
- Valencia, al sentir como perfuma en tus huertas el aqua
- Quisiera, en la tierra valenciana mis amores encontrar

Um 17 Uhr werden wir im Büro der Asociación Amigos del Camino de Santiago-Comunidad Valenciana erwartet, um unsere bestellten Pilgerpässe abzuholen und den ersten Stempel für unseren Pilgerweg zu erhalten. Anschliessend gehen wir zum Bahnhof Estación Norte, um die Bahnverbindungen für den übernächsten Tag von Valencia nach Silla zu erkunden. Am Ende des Tages zeigt mein Tages-Kilometerzähler wieder 20 km, soviel wie eine Tagesetappe. Zurück im Hotel lassen wir den Tag mit einer wunderbaren Paella und einem Glas Rotwein ausklingen.

Valencia, Besichtigungstag 2
Gestern Abend haben Ursula und ich wir uns spontan für ein Camino Motto entschieden. Es heisst 'Dal Mediterráneo al Atlántico' (vom Mittelmeer zum Atlantik). Wir gehen nach dem Frühstück an den Sandstrand bei unserem Hotel, um mit hochgekrempelten Hosen barfuss im Mittelmeer zu stehen. Es fühlt sich wunderbar an, im warmen Meerwasser am Beginn eines langen Weges durch ganz Spanien zu stehen. Danach setzen wir die Besichtigung von Valencia fort, teils mit Bus oder dann zu Fuss.
Zu Beginn fahren wir an den neuen Yachthafen. Mit dem Sieg der Schweizer Yacht Alinghi am 31. America's Cup (2003) stieg die Schweiz plötzlich zu einer 'Hochsee-Nation' auf. Da wir ein Binnenland sind, wurde der 32. America's Cup im Jahr 2007 im spanischen Valencia ausgetragen und der Hafen wurde für diesen Grossanlass entsprechend ausgebaut.
Anschliessend besichtigen wir die Lonja (Seidenbörse), das Ayuntamiento (Rathaus) und schlendern nochmals durch den Mercat Central, um noch etwas Proviant für morgen zu kaufen.

Reiseführer. Seit meinem ersten Camino durch Spanien konsultiere ich für Informationen zu Land und Leute gerne die Spanien Reiseführer des Michael Müller Verlages. Der Autor Thomas Schröder bietet in diesen Führern, nebst genau recherchierten Informationen, eine Vielfalt an Tipps zu Übernachtungs- und Verpflegungsmöglichkeiten an.

In Valencia gäbe noch viel zu besichtigen, aber wie immer, wenn ich mich am Beginn eines Pilgerweges befinde, möchte mein 'Pilgerherz' endlich losgehen.

Pilgermodus. Bevor wir ab morgen wieder im 'Pilgermodus' sind, hier noch einige elementare Informationen zu den 'Caminos de Santiago' (Jakobswegen) in Spanien. Die Wege sind mit gelben Pfeilen, mit Wegsteinen oder Jakobsmuscheln gekennzeichnet. Für diese Wege existieren diverse Pilgerführer. Ich verwende gerne die gelben Outdoor Führer des Conrad Stein Verlages. Die Streckenbeschreibungen enthalten detaillierte Kilometer Angaben für die Etappen, Informationen zu Übernachtungsmöglichkeiten und Kartenausschnitte. Die Wegführung wird genau beschrieben, auch immer wieder mit Alternativrouten. Diese Führer sind eine informative Stütze für die Planung des eigenen Pilgerweges und während des Caminos selbst sind sie zudem immer wieder für die unglaublichsten Informationen gut.

Zurück im Hotel packen wir unsere Rucksäcke, und nehmen noch ein leichtes Nachtessen zu uns.

TEIL EINS

VALENCIA – ZAMORA

1 Valencia (Silla) – Algemessí
Unglaublich, heute starten wir wirklich!
Der Wecker weckt uns um 05.30 Uhr. Von unserem Hotel
haben wir ein Picknick-Frühstück erhalten, das wir
unterwegs essen werden. Das Taxi zum Bahnhof Norte holt
uns wie bestellt ab. So früh morgens hat es noch keinen
Verkehr und wir erreichen einen früheren Zug von Valencia
nach Silla. Die erste Etappe von Valencia nach Algemessí ist
mit 37 km viel zu lang für uns, und wir haben schon im
Voraus entschieden, erst ab Silla zu laufen.

Um 07.25 Uhr laufen wir los. Zuerst hat es noch einige
Wolken und Wind, aber es fühlt sich gut an, wieder
unterwegs zu sein. Der Camino de Levante ist gut markiert
und heute mehrheitlich flach. Wir gehen durch riesige
Orangenplantagen. An den Orangenbäumen hängen reife
Orangen und gleichzeitig hat es auch Orangenblüten.
Übrigens, wissen Sie das Spanien mit Abstand der größte
Zitrusproduzent in Europa ist?

Die Obstplantagen wechseln ab mit Gemüsefeldern. Es ist
heute erst unser erster Tag unterwegs und doch wird unsere
visuelle Aufnahmefähigkeit schon stark beansprucht.
Artischocken, Gemüsezwiebeln, Reispflanzen? Unsere Sinne
sind sensibilisiert. Als Stadtmensch hat man meistens wenig
Ahnung, wie viel Arbeit in Anbau, Pflege und nachher in der
Ernte liegt. Als wir an einem grossen Zwiebelfeld
vorbeikommen, bietet uns der Bauer eine von seinen
Gemüsezwiebeln als Proviant an. Wir lehnen dankend ab.

Unterwegs schauen wir interessiert die zahlreichen Bewässerungssysteme mit den Schalt-Aggregaten für Wasserzufuhr an. Zu unserer Überraschung fährt auf dem Naturweg plötzlich die Policia Local an uns vorbei und fragt uns interessiert nach unserem Ziel. Mit der Jakobsmuschel am Rucksack ist es klar 'Santiago de Compostela'!

Es ist heiss und ich bin froh, dass ich kurz vor der Abreise noch ein langärmliges, atmungsaktives, Hemd eingepackt habe, das mich jetzt vor der brennenden Sonne schützt. Im Pilgerbüro in Valencia hatte uns die Dame informiert, dass wir uns gut schützen sollten, da die Temperaturen in den kommenden Tagen auf sehr hohe Werte ansteigen würden.

Um 10.30 Uhr kurzer Kaffee Stopp in Almussafes. Nachher gibt es keine Einkehr-Möglichkeit mehr. Kein schattiges Plätzchen, keine Bank – nada!! Gegen Ende der Etappe fahren immer wieder mal Arbeiter auf dem Weg in die Mittagspause vorbei, grüssen uns und fragen 'Santiago'?? Wenn wir nicken, schauen sie uns bewundernd an. Einige glauben, sich verhört zu haben und sagen dann 'peró no andando?' (aber nicht zu Fuss?). Doch, doch, zu Fuss. Naja, wir hoffen ja, dass wir ankommen werden, aber wir wissen es nicht mit Gewissheit. Es sind immerhin 1'200 km und über 2 Monate bis nach Santiago.

Wie meistens zieht sich die letzte Stunde zäh dahin. Um 14.30 Uhr kommen wir endlich in Algemessí an und suchen zuerst ein Restaurant für das Mittagessen. Danach geht es uns sofort wieder besser.

Im Rathaus, wo sich auch die Policia Local befindet, zeigen wir unseren Pilgerpass und die Identitätskarte. Der Pilgerpass ist gleichzeitig auch die Bewilligung für die Benützung der offiziellen Albergue de Peregrinos (Pilgerherberge). Die Kopie der Identitätskarte dient der Polizei für Statistikzwecke.

Wir haben gedacht, gar keine Pilger zu treffen, aber falsch! Stephane, ein junger Belgier ist schon da und später kommt noch ein jüngeres deutsches Paar. Wir sehen nur die Pilgerin, ihr Partner hat sich verletzt und die Polizei fährt die beiden ins Spital. Später kommt ein älterer Deutscher, der sich bei uns anbiedert und mit uns gehen will. Wir wollen nicht.

2 Algemessí – Xàtiva

Die Nacht war unruhig mit viel Lärm von der Strasse. Um 23 Uhr kamen die deutschen Pilger vom Spital zurück. Der Mann hat sich an der Schulter verletzt und kann den Camino nicht fortsetzen. Ihnen bleibt nichts anderes übrig, als schon nach dem ersten Tag wieder nach Hause zu fliegen. Es ist schlimm, wenn man einen Camino aus gesundheitlichen Gründen abbrechen muss, aber schon nach dem ersten Tag!!

Unser Wecker geht um 05.45 Uhr los. Ganz leise kleiden wir uns an, verstauen die restlichen Utensilien im Rucksack und nach einer kurzen Morgentoilette gehen wir aus dem Haus. Auch diese Etappe wäre wieder 29 km lang. Um nicht schon am Anfang den Körper zu überfordern, fahren wir die erste Teilstrecke bis Carcaixent mit der Bahn. Abfahrt um 06.20 Uhr. Mit der Bahn dauert es nur 7 Min., zu Fuss hätten wir für die 9.6 km 2 ½ Stunden benötigt. In Carcaixent angekommen suchen wir eine Bar für das Frühstück. Am Weg ist eine geöffnet. Es gibt leider kein richtiges Frühstück, doch wenigstens einen Kaffee und einige 'Magdalenas' (Gebäck). Losgehen um 07.30 Uhr.

Heute geht unser Weg wieder durch riesige Orangen- und Pfirsich Plantagen. Vorbei an einem Schilfgürtel, in dem es von Mücken nur so wimmelt, und vorbei an Artischocken- und Gemüsefeldern. Bald wird die Landschaft abwechslungsreicher und am Horizont ist eine Bergkette zu sehen. Unser Ziel ist Xàtiva (auch Játiva geschrieben), die Stadt der Päpste. Hier wurden zwei später berufene Päpste geboren, Papst Calixtinus III und Papst Alexander VI.

Bei der Ankunft in Xàtiva sind wir so richtig 'deshechas' (ausgelaugt, erschöpft). Der Körper schreit 'Durst, Hunger, Schatten' und wünscht sich sehnlichst eine Sitzgelegenheit, um sich ausruhen zu können. Also suchen wir sofort ein Lokal zum Mittagessen. Danach kommen die Lebensgeister schnell zurück.

Anschliessend gehen wir in unsere gebuchte Unterkunft. Ich bin körperlich noch etwas müde, aber ok. Am späteren Nachmittag gehen wir in die Stadt hinunter. Nach einer ausgiebigen Besichtigung inkl. Kirche, Papststatuen, Gebäuden etc., setzen wir uns draussen auf eine hübsche Plaza und genehmigen uns eine Copita (heisst übersetzt 'Gläschen'), wir benützen den Begriff auf unseren Caminos aber als generelle Bezeichnung für einen Apéro.

Pilgern

Was fasziniert uns an dieser alten Art der Fortbewegung? Und aus welchem Grund lassen sich Jahr für Jahr hunderttausende Menschen allen Alters und diversen Nationalitäten auf dieses Wagnis ein? Ich werde später in diesem Buch ausführlicher über dieses Thema schreiben.

Bei mir ist, neben der Lust in einem fremden Land zu Fuss unterwegs zu sein, sicher etwas Pioniergeist vorhanden. In Gedanken frage ich mich öfters, was kommt wohl hinter der nächsten Biegung? Und stehe ich dann auf einem Übergang, der den Blick über eine neue schöne Landschaft freigibt, dann schüttet mein Körper Endorphine aus. Definiert sich so Glück?

Pilgeralltag

Wer schon einmal auf einem Pilgerweg unterwegs war, der weiss, dass die Tagesetappen meistens einem Muster folgen. Unsere Etappen sind ca. 20 km lang und unser Pilgeralltag in Spanien sieht demzufolge so aus:

Wecker auf 6 Uhr stellen, aufstehen, Morgentoilette, Rucksack fertig packen und um 06.30 Uhr zum Frühstück gehen. In den ländlichen Gegenden hat meistens eine Bar offen in der man einen Kaffee und ein trockenes Gebäck erhält. In den südlichen Regionen ist unser liebstes Frühstück 'Pan tostado con aceite y tomate y ajo' (getoastete Brotscheiben, Olivenöl, frisch gehackte Tomaten und Knoblauch). Und nicht zu vergessen ist der frisch gepresste Orangenjus. Köstlich!

Sofern es bereits frisches Brot hat, ändern wir unsere Routine und bestellen ein 'Bocadillo' (Sandwich) mit Käse oder 'Jamón Serrano' (Rohschinken).
Die Hälfte essen wir zum Frühstück und die andere Hälfte lassen wir uns als Proviant einpacken.

Wir laufen morgens gegen 07.00 Uhr los. Je nach Temperaturen kann es auch mal kurz nach Sonnenaufgang sein. Die kühlen Morgenstunden sind optimal zum Wandern. Es ist noch nicht heiss, das Licht hat eine pastellfarbene Färbung und die Vögel singen um die Wette (im Frühling ist ja Balzzeit). Jede von uns ist in ihren Gedanken versunken. Meditatives Gehen wechselt ab mit begeisterten Ausrufen oder stillem Staunen. Zwischen 9 und 10 Uhr machen wir Pause. Sofern sich dort am Weg ein Ort mit einer offenen Bar befindet, kehren wir ein. Wir trinken Kaffee oder Wasser und essen unser Sandwich. Weiter geht es und zwischen 13 und 14 Uhr kommen wir meistens am Etappenort an.

In den vielen Jahren auf den verschiedenen Caminos de Santiago, haben wir unser Essensverhalten angepasst. In den ersten Jahren habe ich, wie die meisten Pilger auch, etwas Brot und Käse als Proviant mitgenommen und am Abend bin ich auf der Suche nach einem geöffneten Restaurant fast verzweifelt. Die Spanier essen sehr spät, d.h. nach 21 Uhr oder noch später. Als Pilger möchte man früh schlafen gehen und zudem schliessen die Pilgerherbergen um 22 Uhr. Dazu kommt noch, dass ich mit vollem Magen nicht gut schlafe.

Im Jahr 2010 sind meine Schwester Ruth und ich viel zu früh an einem Etappenort angekommen und die Pilgerherberge öffnete erst um 15 Uhr. Spontan haben wir uns entschieden, in einem Restaurant in der Nähe Mittag zu essen. Wir waren von der Qualität und der Vielfalt des Tagesmenus sofort begeistert.

Hier ein Beispiel eines Tagesmenus, das in Regionen mit vielen Pilgern auch Pilgermenu genannt wird.

Als 'Primero' (Vorspeise) gibt es 'Ensalada mista' (gem. Salat), Suppe, Eierspeise, 'Lentejas' (Linsen mit 'Chorizo' (Paprikawurst), 'Garbanzos' (Kichererbseneintopf), etc.

Der 'Segundo' (Hauptgang) besteht aus Fleisch, Huhn oder Fisch, auf verschiedenste Arten zubereitet und wird meistens mit Kartoffeln serviert.

Als 'Postre' (Nachspeise) kann man aus Kuchen, Flan, Obst und Jogurt wählen.

Im Preis von ca. 9 € ist Wasser und Wein inbegriffen, und die Portionen sind immer grosszügig bemessen. Seit dieser Erkenntnis verpflegen wir uns mittags in einem Restaurant mit dem 'Menu del Día' (Tagesmenu) und essen abends nur noch ein Jogurt und etwas Obst.

Nach dem Mittagessen gehen wir in unsere Unterkunft. Das kann ein Hostal, ein Hotel oder auch immer wieder eine Pilgerherberge sein, je nach Verfügbarkeit. Ich gehe zuerst eine Stunde schlafen. Dann folgen Duschen, Waschen, Wäsche aufhängen und Tagebuch schreiben. Für meine Reisenotizen wende ich pro Tag ca. eine Stunde auf.

Spanien hat immer noch von ca. 14 Uhr bis 17 Uhr 'Siesta'. Das bedeutet, dass vor 17 Uhr im Ort Nichts geöffnet ist. Auch hier hat sich bei uns eine Routine eingeschlichen. Einkaufen für den Abend und für die folgende Etappe. Wasser, Aquarius (ein Getränk, das dem Körper die verlorenen Mineralien ersetzt), eine Frucht, (Orange, Apfel, Aprikosen oder Kirschen) und Jogurt.

Im Frühling erhält man in Spanien die süssesten Orangen, die ich je gegessen habe. Obwohl ein Apfel unterwegs einfacher zu essen ist als eine Orange, kaufe ich immer wieder diese Frucht als Proviant. Gegen Mitte Juni werden sie trockener und schmecken nicht mehr so gut. Dann kommt so langsam die Zeit der Kirschen und Aprikosen.

Danach kommt ein weiteres Highlight für uns. Gemütlich auf einer Plaza sitzen und bei einem Glas Verdejo (spanischer Weisswein) in Erinnerungen an den schönen Tag schwelgen. Wir besprechen die morgige Etappe, suchen schon mal den Weg aus dem Ort hinaus, schauen nach einer Bar für das Frühstück und besichtigen noch die eine oder andere Sehenswürdigkeit. Auf diesen Rundgängen laufen wir immer bis zu 5 km zu Fuss.

Zurück in unserer Unterkunft, holen wir die trockene Wäsche rein, essen noch etwas Kleines, und packen den Rucksack für morgen. Zufrieden mit unserem Pilgertag gehen wir gegen 22 Uhr ins Bett.

3 Xátiva – Moixent

Auch wenn ich mich nach einer Tagesetappe teilweise müde und erschöpft fühle, so ist das am darauffolgenden Tag wie weggeblasen.

Gestern Abend waren wir zu müde, um noch bis zur Burg von Xátiva hinaufzusteigen, und haben die Besichtigung auf den heutigen Morgen verschoben. Irgendwie machen mich solche Ausblicke zufrieden. Ich schaue auf das Land hinab, und wenn dann, wie in unserem Fall, die zurückgelegte Strecke zu unseren Füssen liegt, bin ich auch ein wenig stolz auf das Geleistete.

Nachdem die ersten beiden Etappen topfeben waren, beginnt der Weg langsam zu steigen. Teilweise sind es nur 100 Höhenmeter pro Tag, aber mit den Tagen addieren sich die Höhenmeter und in Almansa werden wir bereits auf 700 MüM sein.

Der Weg ist abwechslungsreich. Wir wandern durch Mandelplantagen und vorbei an den ersten Ginsterbüschen. Wegen der Besichtigung des Castillo von Xátiva sind wir erst um 10 Uhr losgegangen. Aus diesem Grund essen wir in Canals, einer Ortschaft in der Mitte der Etappe und kommen somit erst gegen 17 Uhr in Moixent an. In diesem Ort übernachten wir im Rotkreuz-Häuschen der Gemeinde. Zuerst gehen wir zur Policia Local, lassen uns einschreiben und den Schlüssel zur Herberge geben. Das Häuschen der Cruz Roja ist klein, verfügt über 2 Stockbetten, hat eine Dusche und ein WC. Solche Unterkünfte können selbstverständlich nicht mit üblichen Hostal- oder Hotelzimmern verglichen werden. Das sind einfache Notunterkünfte, welche die Gemeinden am Weg für die Pilger zur Verfügung stellen.

4 Moixent – La Font de la Figuera

Im Outdoorführer Camino de Levante steht bei vielen Etappen der Hinweis, dass es unterwegs keine Einkehr- oder Einkaufsmöglichkeiten gibt. Das bedeutet, dass man genügend Wasser dabeihaben muss. Neben den Mandelbäumen und Olivenhainen beginnen bald auch die Weinberge. Während ca. 10 km schlängelt sich der Weg den Hügeln entlang und bietet immer wieder schöne Ausblicke in das Flusstal hinunter. In der Zeitung 'El Levante' vom Samstag stand, dass die momentane Trockenheit in der Comunidad Valenciana (Valencianische Region) die Ernte ruinieren würde. Zu unserem Erstaunen sehen wir, dass um die Stämme der Olivenbäume Erde aufgeschüttet wurde, wahrscheinlich um die Feuchtigkeit zu bewahren.

Bei km 11 liegt ein sehr schönes Anwesen. Ein Schild weist auf eine Casa Rural hin 'Mas de Monserrat'. Im Führer steht, dass man dort einen guten Kaffee und selbstgebackene Kuchen konsumieren kann. Obwohl es ein Umweg von 10 Min. ist, gehen wir trotzdem hin. Die Casa Rural (Landhaus) ist sehr schön, hat aber kein Restaurant mehr. Der Besitzer bietet uns trotzdem einen Tee an und zeigt uns das Haus. Die Zimmer sind sehr geschmacksvoll eingerichtet. Wir aber müssen weiter. Nun folgt ein schönes Wegstück, teilweise im Schatten eines Wäldchens, und endlich kommen wir zu den im Führer beschriebenen drei Eichen mit einer Sitzgelegenheit im Schatten. Que lujo!

In La Font de la Figuera übernachten wir im Pilgerhäuschen neben dem Sportplatz. In der Nähe befindet sich eines der längsten Lavaderos (öffentliches Wäschehaus) in Spanien. Das Lavadero wird nicht mehr benutzt und wir sind die einzigen Frauen, die hier ihre Wäsche waschen.

5 La Font de la Figuera – Almansa

Das wird für uns die längste Etappe seit Valencia sein. Gemäss Führer sind es 26.8 km. Wir laufen bereits um 06.40 Uhr los. Es ist noch düster, aber wir haben gestern Abend den Beginn der Etappe genau angeschaut, um nicht falsch zu gehen. Der Sonnenaufgang wird erst um 07.20 Uhr sein. Nach einiger Zeit führt der Weg durch ein 'Hasenland'. So viele Hasen habe ich noch nie in freier Wildbahn gesehen. Weiter geht es durch einen Canyon und es riecht herrlich nach mediterranen Kiefer- und Pinienwäldern. Nebst den vielen Hasen hat es auch grosse, uns unbekannte Vögel und wir hören den ersten Kuckuck auf diesem Camino.

Leider ist dieser schöne Teil der Etappe bald vorbei. Was dann folgt ist eine eintönige lange Strecke, entlang einer Autostrasse und einem Bahngeleise. Die Sonne brennt auf uns nieder und wir finden es nur noch ätzend! In der Ferne kann man die trotzige Burg von Almansa sehen, aber sie ist noch sehr, sehr, weit entfernt. Wir kommen auf dem letzten Drücker in der Stadt an. Weil hier die hilfreichen Pfeile oder Muscheln fehlen, müssen wir uns mühsam für ein Restaurant durchfragen. Beim Park hat es eine Bar, die aber nur 'Plato Combinado' (Tellergericht) anbietet. Wenn wir so auf 'Reserve' sind, brauchen wir zuerst einmal ein Aquarius. Erst dann können wir uns ums Essen kümmern. Obwohl es kein Tagesmenu ist, schmeckt das Essen vorzüglich. 'Verdura a la plancha' (grgrilltes Gemüse), 2 'Huevos fritos' (Spiegeleier) und Patatas fritas. Muy rico, köstlich.

Auf Landkarten 'zuhause'

In meinen Reisenotizen schreibe ich öfters über Landschaften, Landstriche, 'Sierras' (Bergketten), wie wenn sie vor mir ausgelegt wären. In der Tat habe ich schon in früher Jugend ein grosses Interesse für die Geografie und Topografie entwickelt. Ich habe mir Landkarten im Atlas angeschaut und nach Ländern, Flüssen und Gebirgen gesucht.

Mit den Jahren habe ich realisiert, dass ich über eine Art visuelles Vorstellungsvermögen an Gebiete habe, die ich in näherer Zukunft durchlaufen werde. Zudem habe ich ein ausgeprägtes Erinnerungsvermögen an die Topografie von Gegenden, die ich zu Fuss durchlaufen habe.

Wenn ich mich in der Planungsphase für einen Camino befinde, sehe ich den ganzen Wegverlauf vor meinem 'geistigen Auge' vor mir ausgebreitet, wie auf einer Landkarte.

Seit einigen Jahren gibt es Landkarten von Reise Know-How in der Grösse 1:350 000, reiss- und wasserfest, sehr gut lesbar und zudem beidseitig bedruckt. So eine Karte ist immer in meinem Rucksack. Natürlich kann ich die Informationen auf dem iPhone in einer Karten-App on- oder offline anschauen, aber für grössere Bereiche konsultiere ich immer noch gerne eine gute Landkarte.

6 Almansa – Alpera

Um 07 Uhr laufen wir los. Nach einer halben Stunde drehe ich mich um und bin sprachlos. Es ist fantastisch, Almansa im Morgendunst!! Mystisch wie ein Gemälde aus früheren Zeiten. Gefühlsmässig ist es pures Glück, ganz im Gegensatz zu unserer Ankunft von gestern.

Der Naturweg zieht sich der linken Flanke der Sierra del Mudrón entlang. Eine karge, aber faszinierende Gegend. Immer wieder flitzen Hasen durch die Felder. Wir durchqueren viele private Grundstücke, die mit den Schildern 'Prohibido el paso, zona particular' beschriftet sind. Aber Pilger haben Wegrecht, und wir müssen einfach die Gatter wieder schliessen. Nach 3 Stunden erreichen wir den einzigen Baum in dieser weiten Landschaft und essen unser Bocadillo in seinem Schatten.

Seit gestern befinden wir uns in der autonomen Region Castilla-La Mancha, und vor uns liegt eine Landschaft, auf die wir uns schon lange gefreut haben, aber erst jetzt, wo wir da sind, können wir sie wirklich fühlen und aufnehmen. Die heutige Etappe gefällt uns beiden ausserordentlich gut. Wir sind weit und breit die einzigen Menschen in dieser grandiosen Weite. Nach einem Weiler trennt sich der Weg. Die Etappe nach Higueruela wäre ca. 40 km lang und so folgen wir einem Umweg auf der Ruta de la Lana nach Alpera. Um 12.45 Uhr sind wir bereits am Etappenort und beziehen unser Zimmer in einem Hostal. Anschliessend gehen wir essen.

So langsam gewöhnt sich mein Körper an das tägliche Laufen, aber nach dem Mittagessen freue ich jeweils sehr auf die Siesta. Eine Stunde ausruhen oder schlafen, während draussen die Hitze flirrt, das empfinde ich als sehr erholsam.

7 Alpera – Higueruela

Die heutige Etappe führt einer schwach befahrenen Nebenstrasse entlang. Silencio absoluto! Nur die Vögel in den Kornfeldern sind zu hören. Ihr Gezwitscher ist so schön und laut. Was mögen das für Vögel sein? In der Zwischenzeit habe ich gelernt, dass es Lerchen sind. Sie haben ihre Nester im Kornfeld und ziehen hier im Versteck ihre Jungen auf. Wenn das Korn dann erntereif ist, sind die Jungen schon flügge und alle sind weg.

Der Weg steigt gemächlich an und je höher wir kommen, desto weiter wird unser Rundblick auf die umgebende Landschaft. Durch die Höhe (900 MüM) hat sich auch die Vegetation geändert und es durftet nun intensiv nach Rosmarin und Thymian. Gegen Ende der Etappe kommen wir über eine Anhöhe und sehen das Dorf Higueruela mit den vielen Windrädern vor uns liegen. Dieser Etappenort ist mit 1'039 MüM der bisher höchst gelegene Ort auf dem Weg. Ein sehr gepflegter Ort mit Gratis WiFi für alle.

Wir übernachten in einem gediegenen Hotel im Ort. Am späteren Nachmittag kommen zwei Spanier mit Bikes, welche in der Herberge übernachten werden. Später kommt noch eine junge deutsche Pilgerin, welche die ganze Strecke von Almansa her durchgelaufen ist. Anscheinend fühlte sie sich bei der Abzweigung nach Alpera noch gut, hat sich aber übernommen und hat später sehr unter der Hitze und Sonne gelitten. Als sie ankam war sie dehydriert und hatte starken Sonnenbrand. Zum Glück laufen wir immer frühmorgens los und schützen zudem unsere Haut mit Sonnenblocker.

8 Hoya Gonzalo – Chinchilla de Monte Aragón

Der Bus von Higueruela nach Hoya Gonzalo fährt gegen 07 Uhr. Interessiert es Sie, wie das mit dem Bus funktioniert? Die Schweiz ist bekannt dafür, dass ÖV (Bahn und Bus) auf die Minute genau ankommen und abfahren. Spanien muss sich aber mit seinem Bus- und Bahnsystem auch nicht verstecken. Seit 2008 bin ich immer wieder in den verschiedensten Gegenden in Spanien unterwegs und weiss in der Zwischenzeit, dass das Land sehr gut mit ÖV vernetzt ist. Die Buslinien findet man online und somit muss man sich nur zur angegebenen Zeit bei der Haltestelle einfinden.

Die Temperatur ist etwas erträglicher geworden. Dazu weht auch noch ein wenig Wind und es ist ein angenehmes Gehen. Die Farben der Landschaft verblüffen mich, so schön habe ich mir das nicht vorgestellt.

Irgendwann zwischen 10 und 11 Uhr überholen uns die Biker von gestern. Sie sind erstaunt, uns schon so weit vorne zu treffen. Wir erklären ihnen die Bus-Variante, da wir keine 30 km laufen wollen. Für diese 'Chicos' (junge Männer) macht das absolut Sinn.

Heute werden wir zudem noch mit schönen Picknick-Plätzen verwöhnt. Es hat immer wieder grosse Steine zum Sitzen am Wegesrand. Nach 13 Uhr sind wir bereits in Chinchilla de Monte Aragón. Dieser Ort liegt auf einem Berg und wir besichtigen am späten Nachmittag die stolze Burg. Die Luft ist klar und man kann in der Ferne schon Albacete sehen.

9 Chinchilla de Monte Aragón – Albacete

Der Tag beginnt mit kalten Fingern. Es ist nur 6° und in diesem Moment entscheide ich mich, die warme Fleecejacke doch nicht nach Hause zu schicken. Wir starten um 06.40 Uhr, und der Himmel zeigt sich in zarten Pastellfarben.

Nach kurzer Zeit sind wir ganz allein auf dem Weg und verschmelzen gänzlich mit der Natur.

Es bleibt kühl und ich behalte mein langärmliges Hemd während der ganzen Etappe an. Kurz nach 10 Uhr erreichen wir bereits den ausserhalb der Stadt liegenden Parador von Albacete und entschliessen uns spontan für einen Kaffee. Die Cafeteria ist noch geschlossen und wir werden in den Speisesaal gebeten, wo die Gäste des Paradores beim späten Frühstück sitzen. Wir werden bestaunt, und als ein Gast unsere Rucksäcke mit der Jakobsmuschel sieht, kommt er an unseren Tisch und fragt uns, ob wir Jakobspilgerinnen seien. Unsere Antwort lautet stolz "Ja, wir sind seit Valencia zu Fuss unterwegs. Bis jetzt 200 km gelaufen und es liegen noch weitere 1'000 km vor uns".

Es verbleiben nur noch 6 km bis in die Stadt. Wir fühlen uns bei der Ankunft so frisch, wir hätten locker weitere 10 km laufen können. Aber Albacete ist unser heutiges Etappenziel und wir haben hier für morgen einen Ruhetag eingeplant.

10 Albacete, Sonntag und Ruhetag

Um 6 Uhr sind wir schon wach, stehen aber noch nicht auf. Prompt schlafen wir wieder ein. Wir erwachen erst um 08.30 Uhr zum zweiten Mal. Zum Frühstück gehen wir nach draussen. Wir sind erstaunt, dass noch alle Bars geschlossen sind. Endlich finden wir hinter der Kathedrale eine geöffnete Bar/Konditorei, mit dem Namen La Suíza. Da hat sich offenbar ein Landsmann von mir hier niedergelassen. Obwohl heute Sonntag ist, hat ein Kaufhaus ausserhalb der Stadt geöffnet. Ich muss Gummistöpsel für meine Teleskopstöcke kaufen, irgendwie finde ich sie nicht mehr und das Geklapper auf den wenigen Strassen stört mich.

Ein Ruhetag pro 10 bis 14 Tage ist gut für Körper und Geist. Man kann alles etwas ruhiger angehen. In einem 'Locutorio' (Internetshop) schreibe ich ein Mail an Freunde und Leser meiner 'Camino Mails'. Ursula liest die Sonntagszeitung El País. Dann folgt: Stadt besichtigen, Mittagessen (Comida), Siesta und die Etappe für morgen studieren.

Autonome Gemeinschaften und Provinzen

Seit der im Jahre 1833 durchgeführten Gebietsreform ist Spanien in 17 Autonome Gemeinschaften (Comunidades Autónomas) eingeteilt. Die zusätzliche Einteilung in Provinzen blieb bis zur Verabschiedung der neuen spanischen Verfassung von 1978 die Grundlage der territorialen Gliederung Spaniens.

Für die meisten Touristen, und auch für mich, war die Differenzierung zwischen Provinz und Autonomer Region zu Beginn meiner Pilgerreisen nicht immer klar. Auf dem Camino Francés, der am meisten begangene Jakobsweg, gelangt man über die Pyrenäen in die Provinz Navarra. Navarra ist eine der Ausnahmen, in denen die Provinz gleichzeitig auch die Autonome Region ist.

Auf dem Camino de Levante werden wir 5 Autonome Gemeinschaften (werden auch als Regionen bezeichnet) und viele Provinzen durchwandern. Die erste ist die Comunidad Valenciana, dann geht es durch Castilla-La Mancha. Beinahe unbemerkt, führt der Weg danach während einem Tag durch den südöstlichen Teil der Region Madrid. Darauf folgen lange Kilometer und Tage, in denen wir in Castilla y León unterwegs sein werden, bevor wir schlussendlich noch durch die Region Galicien wandern.

Seit Almansa befinden wir uns in Castilla-La Mancha und ich habe erst jetzt das Gefühl, hier angekommen zu sein. In dieser unendlichen Weite, ganz ohne Hügel oder Berge. Riesige Getreidefelder, die teilweise mit Korn- und Mohnblumen gesäumt sind. Bis an den Horizont reichende Weinberge, die sich mit Pfirsichplantagen, Mandel- und Olivenhainen, oder Knoblauchfeldern abwechseln.

11 Albacete – La Gineta

In den nächsten 10 Tagen werden wir mehrheitlich in flachem Gelände unterwegs sein. Mal schauen, wie es uns gefällt.

In Spanien hat es in allen Restaurants und Bars grosse TV-Bildschirme, auf denen von morgens früh bis spätnachts die neuesten Informationen sowie die Wetterprognosen gezeigt werden. Für die kommenden 2 Wochen wird das Wetter gleichbleiben, d.h. Sonne, Hitze, und täglich steigende Temperaturen. Für uns bedeutet das, dass wir noch früher loslaufen werden.

Aus Albacete hinaus ist die Routenwahl klar. Über die Eisenbahnbrücke gehen und dann dem einzigen Feldweg folgen. Hier sind die gelben Pfeile spärlich und teilweise fehlen sie ganz. Das ist vor allem dann ärgerlich, wenn sich der Weg teilt und der vermeintliche Hauptweg sich später als falsch herausstellt. Bei solchen Unklarheiten suchen Ursula und ich zusammen die Lösung. Wir schauen in welche Richtung wir gehen müssten, konsultieren den Pilgerführer, die Karte im iPhone und lassen unseren Orientierungssinn walten. Teilweise fotografiere ich solche Stellen und markiere die Beschreibung im Buch. Je nachdem wie problematisch die Stelle war, schicke ich die Informationen später an den Conrad Stein Verlag, damit dies in den Updates vermerkt werden kann.

Kurz vor La Gineta sieht man linkerhand den Kirchturm des Dorfes, aber eine stark befahrene Autovia trennt uns vom Dorf und wieder einmal fehlen die Pfeile. Im Buch steht zum Glück, dass man sich nach rechts wenden soll, um dann durch eine Unterführung auf die andere Seite der Autobahn zu gelangen. Wir sind immer wieder froh um solche exakten Hinweise.

In La Gineta gehen wir zuerst zum Ayuntamiento (Rathaus), um uns bei der Policia Local anzumelden und die Informationen für die Unterkunft zu erhalten. Die einzige Unterkunft ist in einem Sportcenter (Centro Poli Deportivo), etwas ausserhalb der Ortschaft. Der Polizist fährt uns dorthin, gibt uns einen Schlüssel für die Anlage und zeigt uns die Lokalität. Wir können in der Frauen-Garderobe auf Gymnastik-Matten übernachten.

Anschliessend nimmt er uns in seinem Auto mit zurück und zeigt uns ein Restaurant für das Mittagessen. Beim Mittagessen bin ich so müde, dass ich am liebsten am Tisch einschlafen würde. Ursula ist auch müde, aber im Gegensatz zu mir kann sie noch kräftig essen.

Auf Matten schlafen? Für junge Menschen ist das natürlich kein Problem. Früher habe ich immer voller Überzeugung laut herausposaunt, wenn ich müde bin, kann ich überall schlafen. Die Zeiten ändern sich und mit dem Alter ist das nicht mehr so einfach. Ich übe dann jeweils im Voraus zu Hause wie man sich hinsetzt, und auch wieder aufsteht.

12 La Gineta – La Roda

Um 06 Uhr aufstehen. Die Nacht war durchzogen. Wie schon erwähnt, schläft es sich auf dem Boden nicht mehr so gut wie in einem Bett. Unsere Bar von gestern hat schon um 06.30 Uhr auf und so kommen wir zu unserer geliebten Tostada con aceite y tomate. Mit Kaffee und einem Sandwich für nur 3.50 € Unglaublich!

Um 07 Uhr laufen wir los. Zuerst geht's über einige Strassenkreuzungen, einen Autobahnkreisel und bald sind wir auf einer Sandschotterpiste. In einiger Entfernung verlaufen die Autobahn A-31 und die Bahnstrecke Madrid-Valencia, deren gedämpftes Rauschen uns darauf hinweisen, dass wir nicht allein auf der Welt sind.

Bald aber sind wir wieder in der Stille der Natur. Schöne Wege, Hasen und trällernde Feldlerchen. Auf beiden Seiten des Feldweges hat es einige Steineichen, teils mit den typisch knorrigen Wurzelstöcken. Sonst sind Getreidefelder und Weingärten unsere Begleiter. In der Mitte der Etappe überqueren wir einen Kanal. Ein Schild weist darauf hin, dass Baden im Kanal nicht erlaubt ist. Im Frühling 2013 ist Theo, ein mir bekannter Pilger aus Holland, diesen Weg gelaufen. In seinem Video ist dieses Schild zu sehen, aber der Kanal führte damals kein Wasser!

Nach ca. 15 km kann man schon den Kirchturm von La Roda sehen. Um die Mittagszeit beginnt die Hitze wieder zu drücken. Im Schatten eines grossen Mandelbaumes trinken wir noch etwas, um nicht so durstig im Ort anzukommen.

Auf der Strasse spricht uns ein Mitarbeiter des Rathauses an und weist uns den Weg zum Restaurant 'Flor de la Mancha', wo wir ein üppiges Menu del Dia (Tagesmenu) mit 2€ Reduktion für Pilger erhalten.

Die Pilgerunterkunft in La Roda befindet sich im Sanitätszimmer der 'Plaza de Toros' (Stierkampfarena) und es ist ein gemütliches 2-Bettzimmer mit Dusche/WC. Der Hospitalero (Herbergsvater) reicht uns den Schlüssel für unser Zimmer und gibt uns noch diverse Informationen über den Ort und die Plaza de Toros.

Der Kirchturm von La Roda wird 'El Pharo de la Mancha' (Leuchtturm der La Mancha) genannt, weil man ihn aus allen Himmelsrichtungen von Weitem sehen kann.

Nach unserer Siesta kommen zwei Österreicher-Pilger an. Eine Etappe hinter uns ist eine 5er Pilgergruppe (drei Italiener, ein Spanier und ein Franzose) unterwegs und weil es in La Gineta nur Platz für 5 Personen hat, sind die beiden Österreicher von dort mit dem Bus hierhergefahren.
Plötzlich andere Pilger!! Jetzt sind wir nicht mehr allein unterwegs.

13 La Roda – Minaya

Wecker auf 05.15 Uhr gestellt. Die Bar im Hostal Molina öffnet bereits um 06 Uhr und so gehen wir um 05.50 Uhr aus der Albergue. Die Nacht ist sternenklar. So früh sind wir noch nie aus dem Haus gegangen. Vor dem Molina wartet schon der erste Gast und dann wird auch pünktlich die Türe geöffnet. Zum Frühstück gibt es einen Kaffee und ein Brötchen. Um 06.40 laufen wir los. Die Lichter des Pharos sind noch an, es fühlt sich an wie an einer Küste. Das Licht wird erst um 07.30 ausgehen.

Vor einer Stunde war es noch sternenklar, aber jetzt hat es zum ersten Mal Wolken. Ich denke mir, dass die Sonne sie später verbrennen wird. Falsch gedacht. Es bleibt den ganzen Tag schwül und bedeckt, aber damit geht es sich locker. Die Strecke ist 18 km lang und mit einem 4 km/h Schnitt wären wir in 4.30 Std. am Etappenort Wir sind aber schon in 04.20 Std. da, inkl. 20 Minuten Pause.

In Minaya wäre die Pilgerunterkunft wieder in einem 'Poli Deportivo'. Da wir aber schon um 11 Uhr im Ort sind, entscheiden wir uns für das Hostal Antolin. Wenn wir so früh an einem Etappenort ankommen, beziehen wir gerne umgehend das Zimmer und geniessen es, mal etwas mehr Zeit zu haben. Wieder einmal den Rucksack ganz auspacken und evtl. eine grosse Wäsche machen. Nach 13 Uhr gehen wir wie gewöhnlich essen.

In meinen Reisenotizen steht nichts über das Essen, wohl aber über den Wein. Zum Tagesmenu wird immer Wasser und Regionaler Wein aufgetischt. Die Qualität dieses Weines hier in Minaya hat mich echt erstaunt. Nach den vielen Jahren auf den Caminos kenne ich mich relativ gut mit den spanischen Weinen aus, aber diesen hier fand ich umwerfend. Als ich mich beim Besitzer nach dem Wein erkundige (die Flaschen haben meistens keine Etiketten), schickt er seinen Sohn, um mir seinen Wein zu beschreiben. Dieser hat Önologie studiert und kümmert sich heute um das Familien Weingut. Er ist natürlich über das Kompliment erfreut und erklärt uns, dass die La Mancha Weinbauern, im Gegensatz zu früheren Jahren, ihre Weine heute selbst herstellen und vermarkten. Klar, dass ich jetzt zuhause auch mal Ausschau nach einem Wein der La Mancha halte.

Am Nachmittag habe ich in meinem Reisetagebuch noch über die Hunde an den Caminos de Santiago geschrieben.

Am Morgen führt der Weg jeweils aus den Orten hinaus, meistens vorbei an Häusern und Gehöften. Diese werden von Hunden bewacht, welche sich jedoch innerhalb des Zaunes befinden. Sobald wir kommen, rennen sie wild kläffend dem Zaun entlang. Pilger anbellen ist für sie anscheinend ein Spass und gleichzeitig das Morgentraining des sonst so langweiligen Tagesablaufes.

14 Minaya – San Clemente

Am Morgen ist es noch düster. Es hat viele Wolken am Himmel und es weht ein kühler Wind. Anstelle des Krüger-Hemdes ziehe ich die Fleece Jacke an. Nach dem Frühstück im Hostal gehen wir im Dämmerlicht los. Es ist wieder ein angenehmer Weg. Wir laufen öfters mal an Chozos vorbei, das sind eiförmige Steingebilde, die früher den Landarbeitern und Schäfern als Unterschlupf dienten. Wir überqueren wieder mal eine leere Autobahn. Für Ursula ist das immer wieder ein spezielles Foto Sujet, als Vergleich zu den vollen Autobahnen in Deutschland. Dann kommen wir durch ein Dorf mit geöffneter Bar am Weg, während der letzten Etappen eine Rarität. Dann folgen viele Kilometer mit traumhaften Erlebnissen. Riesige Knoblauchfelder mit Knospen, das habe ich so noch nie gesehen. Um zu wissen um was für Gemüse es sich wirklich handelt, gehe ich manchmal ins Feld, schaue mir das Gewächs genauer an und rieche auch daran. Kein Zweifel, es ist Knoblauch.

Meditatives Gehen. Manchmal passiert es mir, dass ich in Gedanken versunken bin und an etwas sehr Schönem vorbeigehe. Plötzlich schaltet mein Gehirn auf 'Aufnahmemodus' und je nachdem gehe ich sogar zurück, um das soeben passierte zu fotografieren. In diesem Fall war es eine Mohnstrasse im Kornfeld.

Dank der Pinienwälder werden wir heute mit schattigen Passagen verwöhnt. Zum Ende der Etappe säumen wunderschöne violette Blumen den Wegesrand, die offensichtlich eine Orchideenart sind.

Wir sind in gutem Tempo unterwegs und sind schon vor 12 Uhr in San Clemente. Wieder entscheiden wir uns im Hostal zu übernachten. Dieser Ort hat ein äusserst ansprechendes Zentrum mit einer schönen Plaza Mayor, einer Santiago Kirche und einem 'Torre Vieja' (antiker Turm) welchen wir später natürlich besteigen werden.

Plötzlich sehen wir noch andere Pilger. Auf der Plaza sitzen drei Italiener, die zwei Österreicher, die wir aus La Roda kennen und ein Spanier. Am Abend gehe ich noch kurz in die Gemeindebibliothek, um die Buchungsmöglichkeit betr. der El Greco Ausstellung in Toledo abzuklären.

Bei der Rückkehr ins Hostal spricht mich André an, ein Pilger aus Toulouse und wir setzen uns noch zu einem Glas Wein zusammen. Wie die meisten Pilger auf dem Camino de Levante ist auch er schon alle grossen Caminos de Santiago gegangen und kennt die Gepflogenheiten des Pilgerlebens. Das sind typische Verhaltensmechanismen, wenn man auf einem Pilgerweg unterwegs ist. Man setzt sich spontan zu anderen Pilgern an den Tisch und findet sofort einen gemeinsamen Draht zueinander.

15 San Clemente – Las Pedroñeras

Die Wirtin des Hostals hat einen Thermoskrug mit Kaffee bereitgestellt. André ist auch bereits um 06 Uhr auf, geht aber erst später los.

Der Weg aus dem Dorf hinaus ist einfach und leicht zu gehen. 18° am frühen Morgen lassen auf einen heissen Tag schliessen. Hinter uns geht die Sonne auf und der ganze Himmel leuchtet in den schönsten orangen Farbtönen.

Nach ca. 2 Stunden sehen wir hinter uns eine Gruppe Pilger. Sie laufen in hohem Tempo. Wir machen wie üblich am Wegesrand eine Trinkpause und lassen sie vorbeiziehen. Einzig André schaltet einen Gang runter und geht ein Stück mit uns. Als wir wieder einmal an einem grossen Feld mit Mohnblumen entlang gehen fragt er, wie diese Blumen auf Spanisch heissen. Ohne uns abgesprochen zu haben, stimmen Ursula und ich das bekannte spanische Lied 'Amapola' an.

- Amapola, lindísima amapola,
- Será siempre mi alma tuya sola.
- Yo te quiero, amada niña mía,
- Igual que ama la flor la luz del día.
- Amapola, lindísima amapola,
- No seas tan ingrata y ámame.
- Amapola, amapola,
- Cómo puedes tú vivir tan sola?

Auf dem Weiterweg sehen wir in einem Weinberg ein Schild mit dem Text 'Prohibido cazar riego'. Wir kennen das Wort 'riego' nicht, also schaue ich im Leo (meiner Übersetzungs-App) nach. 'Riego' bedeutet Bewässerung. Also heisst der Text übersetzt: 'Es ist verboten die Bewässerung zu jagen'??? Irgendwie macht das keinen Sinn.

Etwas später treffen wir den Besitzer und fragen ihn, was das bedeutet. Weil er für seine Reben eine Bewässerungsanlage hat, und die Wasserschläuche in der Erde sind, darf hier nicht gejagt werden. Alles klar und schon wieder etwas gelernt.

Er offeriert uns dann ein Glas seines eigenen Weines, in Anbetracht der hohen Temperaturen mussten wir aber ablehnen.

Der Weg ist erneut sehr abwechslungsreich. Wir sehen viele Hasen, und auch Feldlerchen sind zahlreich vertreten. Dann sind auch die grossen Vögel da, die uns schon einige Male erschreckt haben. André erklärt uns, dass es Fasane seien. Die Fasane- oder Rebhühner Story geht so: Ich gehe in Gedanken versunken dahin und plötzlich erschreckt mich ein laut knatterndes Geräusch aus den nahen Gebüschen am Weg. Ich erschrecke und schreie laut auf! Dann, unmittelbar neben dem Weg, erheben sich zwei grosse Vögel und fliegen laut protestierend davon. Und ich? – ich lache über die Situationskomik. Wer ist wohl mehr erschrocken? Die Vögel oder ich?

Gegen 11.30 Uhr sind wir beim Castillo am Río Zancara. Die imposante Burg ist verlassen und wird nur noch von Krähen bewohnt. Bald sehen wir unseren nächsten Etappenort, Las Pedroñeras, in der Ferne. Es soll aber noch weitere 2 Std. dauern bis wir in der 'Hauptstadt des Knoblauchs' ankommen. Der Ort hat wenig zu bieten, ausser grossen Knoblauch-Zöpfen, die wir aber aus Gewichtsgründen nicht kaufen können. Heute sind wir nicht mehr die einzigen Santiago Pilger im Hotel. Ein Ehepaar aus Schweden und André übernachten auch hier.

16 Las Pedroñeras – Mota del Cuervo

Zum ersten Mal auf diesem Camino sind wir 5 Pilger beim Frühstück. Um 07.30 laufen Ursula und ich los. Die heutige Etappe, oder besser gesagt der heutige Etappenort, ist etwas Besonderes. Hier befinden sich die Windmühlen von Mota del Cuervo. Mehr dazu später.

Zuerst geht der Weg ca. 2 km der Carretera (Landstrasse) entlang. Letzte grosse Reklameschilder werben für den Knoblauch und den weltberühmten Käse 'Queso Manchego' (Manchego Käse). Das ist ein Käse, der aus Schafmilch in der spanischen Region Kastilien-La Mancha von registrierten Produzenten hergestellt wird. Die gängigsten Varianten sind:
Curado, ein halbfester Käse, zwischen drei und sechs Monaten gereift, hat einen süßen, nussigen Geschmack.
Semicurado, ein halbfester Käse, zwischen drei Wochen und drei Monaten gereift und schmeckt etwas milder als Curado.

André geht ein Stück mit uns. Wir passieren ein Stück Brachland, auf dem sich viele Hasen im frühen Morgenlicht tummeln. Der Weg führt weiter durch Felder, Weinberge und Olivenhaine. Als uns eine Gruppe Radfahrer begegnet, realisieren wir, dass heute Samstag ist. In Spanien sind am Samstagmorgen viele Radfahrer auf ihrer Trainingsrunde auf den Wegen unterwegs die auch wir benützen.

Der Weg schlängelt sich auf einen Hügel zu und oben steht eine riesige Reklametafel mit dem 'Toro' (Stier), der Brandy Marke 'Veterano Osborne'. Als ich in den späten 60iger Jahren mit dem Auto in Spanien unterwegs war, bedeuteten diese grossen Tafeln für mich den Ferienbeginn am Meer.

Nach 6.5 km kommt der erste Ort, den wir aber nur durchqueren. Weiter über Hügel, vorbei an einer grossen Schafherde und gegen 11 Uhr sind wir in Santa Maria de los Llanos. Perfektes Timing für einen Kaffee Halt. Ursula und ich setzen uns draussen auf der Terrasse in den Schatten, die Schweden und André sind drinnen. Dann laufen Ursula und ich weiter. Die Hitze drückt und es hat wenig Wind. Nach einer gefühlten Ewigkeit sehen wir sie endlich. Die weltbekannten sieben Windmühlen von Mota del Cuervo. Auf diesen Ausblick haben wir lange gewartet. Wir werden in Mota del Cuervo übernachten und am späteren Nachmittag die Windmühlen besichtigen.

Windmühlen von Mota del Cuervo.
Auf einer kleinen Hügelkette stehen sieben Windmühlen. Im Jahr 1967 erhielt die Stadt die Bezeichnung 'Balkon von La Mancha'. Dies aufgrund des weiten Horizonts, der von den Molinos aus zu sehen ist. Miguel de Cervantes hat sie in seinem berühmten Werk 'Don Quijote de la Mancha' verewigt. So sind sie zum Sinnbild für diese flachen Ländereien der La Mancha geworden. Drei der sieben Mühlen können noch besichtigt werden.

17 Mota del Cuervo – El Toboso, Sonntag, ½ Ruhetag

Sonnenaufgang und Blick zurück auf die Molinos. Der Feldweg führt über Hügel und vorbei an schön gepflegten Weinbergen. Bei einem Weingut stehen bei der Auffahrt grosse Terrakotta Wassertanks, in die wir locker hineinpassen würden. Pause an einem schönen Rastplatz kurz vor El Toboso. Danach gehen wir, begleitet vom Klang der Kirchenglocken, durch eine Allee mit intensiv riechenden Bäumen zum Dorf. Später haben wir in der Information nach den Bäumen gefragt, es ist Persischer Flieder.

El Toboso ist ein kleines Dorf mit einer schönen Plaza Mayor. Dieser Ort wurde bekannt durch Miguel de Cervantes Roman 'Don Quijote de La Mancha'. Wer dieses Buch gelesen hat erinnert sich an seinen Kampf gegen die Windmühlen, in seinen Augen Riesen, oder Dulcineas Wandlung vom einfachen Bauernmädchen in eine edle Dame.

Leider ist um 10 Uhr noch alles geschlossen. Also gehen wir zum im Pilgerführer erwähnten Hostal/Albergue El Quijote und erhalten dort einen Kaffee mit Gebäck. Wir können schon bald unser Zimmer beziehen und besichtigen anschliessend das Dorf mit dem Don-Quijote-Museum. Zum Essen gehen wir in unser Hostal zurück. Waschen, Siesta, schreiben, und weitere Besichtigungen im Dorf. In der Zwischenzeit sind zwei Pilgerinnen (Mutter und Tochter aus Holland) eingetroffen, die mit zwei Pferden auf dem Weg nach Santiago de Compostela sind.

18 El Toboso – La Villa de Don Fadrique

Gestern Abend haben wir die Aufteilung der Etappe besprochen, da 26.8 km bei dieser Hitze echt anstrengend sind. Wir hatten uns entschieden, heute eine Teilstrecke mit dem Bus zu fahren.

Am frühen Morgen ist es kühl und es weht ein starker Wind. Trotzdem ist es ein schönes Gehen durch sanft welliges Weinbaugebiet. Die Spanier würden sagen 'una madrugada maravillosa' (wunderschöne Morgendämmerung). Solche Stimmungen geben auch schöne Bilder. Wir laufen zügig und sind bereits gegen 08.30 in Quintana de la Orden. Von hier wollten wir mit dem 09 Uhr Bus eine Strecke fahren, aber Ursula hat nur Kaffee im Kopf. Frühstück oder Bus? Da man nie weiss, ob wir später noch ein Frühstück erhalten würden, entscheiden wir uns fürs Frühstück und verpassen prompt den Bus. Somit gehen wir halt öde 5 km der Landstrasse entlang. Die Landschaft ist flach und trocken, aber es hat Weinberge bis zum Horizont und das auf alle Seiten. Um 11.30 Uhr sind wir in Puebla de Almoradiel. Von hier sind es noch 9 km bis zum nächsten Etappenziel. Noch 2 ½ Std in dieser Hitze; ich entscheide mich das Stück mit dem Bus zu fahren. Ursula will gehen. Der Bus ist früher als angegeben losgefahren (ja auch das gibt es) und so gehe ich in die Bar zurück, um nach einem Taxi zu fragen. In solchen Gegenden sind Taxis teilweise weit weg unterwegs. Ein Bekannter der Wirtin bietet mir an, mich nach La Villa de Don Fadrique mitzunehmen, da er sowieso seine Tochter dorthin bringen müsse. Ich nehme dankend an. Flach, flirrende Hitze und staubtrocken. Ich bin froh, dass ich dieses Stück nicht gegangen bin.

In La Villa de Don Fadrique übernachten wir wieder einmal im 'Centro Poli Deportivo'. Die beiden Pilgerinnen mit ihren

Pferden werden auch hier übernachten. Von ihnen erfahren wir, wie anstrengend eine solche Pilgerreise mit Pferden ist. Wenn wir am Etappenziel ankommen können wir es uns gemütlich machen. Sie müssen zuerst aber immer die Pferde versorgen. Das ist viel Arbeit und erfordert eine genaue Planung.

Um 17.30 Uhr ist es immer noch 32° heiss!!

La Villa de Don Fadrique – Toledo
Die nächsten drei Tage stehen ganz im Vorgeschmack eines grossartigen Etappenortes.

Toledo, Weltkulturerbe der UNESCO, Hauptstadt von Castilla-La-Mancha, drei Tage Aufenthalt.

Ein runder Geburtstag und Besuch aus der Schweiz. Aber zuerst müssen wir die restlichen drei Tage noch gehen.

19 La Villa de Don Fadrique (Villacañas) – Tembleque

Auch diese Etappe ist mit 29 km wieder zu lang für uns und deshalb fahren wir mit dem Morgenbus die 10 km bis nach Villacañas. Um 7 Uhr sind wir schon da und suchen eine Bar für das Frühstück. Auch wenn der Ort wie ausgestorben wirkt, es hat immer irgendwen, den man fragen kann. In unserem Fall ist es ein Mann, der über den Kofferraum seines Autos gebeugt ist. In unmittelbarer Nähe ist eine einfache Bar und wir erhalten dort das beste frische Tomaten Mus zu unserer Tostada. Noch ein Bocadillo zum Mitnehmen und weg sind wir. Zuerst 2 km auf der Landstrasse, bis wir aus der Stadt heraus sind. Dann auf Feldwegen vorbei an Weinbergen, Getreidefeldern mit leuchtend blauen Kornblumen und Olivenhainen. Zur Rechten liegt die Gebirgskette Sierra Romeral. Der Weg steigt langsam an und erlaubt Blicke über die nun ausgetrocknete Weite mit Brachland und vielen Hasenbauten. Dann zieht sich der Weg einem Pinienwald entlang und führt durch gepflegte Olivenplantagen. Nach einer Pause in einem Olivenhain überschreiten wir wieder Hügel und sehen so langsam in welcher Himmelsrichtung Tembleque liegt. Bald können wir in der Ferne den Kirchturm und die Windmühlen sehen. Um 13 Uhr sind wir da. Alles befindet sich nahe beisammen. Kirche, Restaurant und eine schöne Casa Rural, in welcher wir übernachten werden. Tembleque ist bekannt für seinen schönen Marktplatz, den wir am späteren Nachmittag besichtigen werden.

Ingrid und Eva, die Pilgerinnen mit den Pferden, übernachten am gleichen Ort wie wir und später treffen wir noch ein französisches Ehepaar, welches auch den ganzen Weg bis nach Santiago gehen wird.

20 Tembleque – Mora

Im Pilgerführer steht, dass es unterwegs keine Einkehr Möglichkeit gibt. Die Etappe ist 3-teilig. Zuerst geht es flach durch Getreidefelder. Im Gegensatz zu den vergangenen Wochen ist das Korn hier schon bald erntereif.

Zu den Getreiden, die neben unserem Weg liegen, kommt mir Folgendes in den Sinn. Seit Jahren laufe ich in Spanien und sehe viel Getreide in den verschiedensten Wachstumsstadien. Im Gegensatz zu Ursula die alle Getreide kennt, kann ich mit Bestimmtheit nur Hafer identifizieren. Immer wieder nehme ich mir vor, mich nach der Rückkehr im Internet in die Materie Getreide zu vertiefen. Es bleibt leider immer beim Vorsatz. Immerhin weiss ich in der Zwischenzeit, dass Spanien weltweit zu den grössten Produzenten von Hafer (3. Platz), Gerste (5. Platz), Roggen (8. Platz) und Weizen (19. Platz) gehört. Dazu werden viele Hülsenfrüchte wie Kichererbsen und Linsen angebaut.

Nach der Kornfeldern folgt ein langes Stück durch eine surreale Karstlandschaft und zu guter Letzt erstrecken sich Olivenplantagen bis an den Horizont. Eine anstrengende Etappe. In meinem Reisetagebuch stehen heute nur wenige Zeilen. Anscheinend war die Etappe wirklich anstrengend. Auf meinen Fotos kann ich im Nachhinein die Schwierigkeit der Etappe sehen. Immer wieder sieht man, wie unser Weg einem umgepflügten Acker gleicht und wir da durch gehen müssen. Und das über 25 km lang!

21 Mora (Nambroca) – Toledo

Die Etappe Mora – Toledo steht mit 39.1 km zu Buche und ohne Unterkünfte unterwegs. So stehen wir frühmorgens am Busbahnhof und versorgen uns mit Kaffee und Gipfel. Dann fahren wir mit dem Bus nach Nambroca, welches in der Hälfte der Etappe liegt. Wir finden den gelben Pfeil der uns den Weg zeigt sofort, und laufen los.

Für diese Strecke gibt es zwei Varianten. Option A – einsam durch wildromantisches Gelände mit teilweise grandiosen Aussichten über Olivenplantagen, aber ohne Ortschaft. Option B – durch ein Dorf mit Bar, aber ohne schöne Aussichten. Wir entscheiden uns für die Variante A.

Es ist wieder ein schöner Weg, der auf kleinen Nebenstrassen oder durch Olivenhaine und schattige kleine Täler führt. Wir sind voller Vorfreude auf Toledo. Gegen 11.30 Uhr kommen wir an den im Outdoor Führer beschriebenen Rastplatz, von wo man das 3 km entfernte Toledo bereits sehen kann. Eine kurze Rast und dann zieht es uns weiter. Wir kommen an einer kleinen Ermita vorbei, bevor wir die Panoramastrasse erreichen. Die Sicht auf die Stadt Toledo ist überwältigend. Die ganze Stadt liegt wie auf einem Präsentierteller vor uns. Nur die tiefe Tajo-Schlucht trennt uns von der Stadt. An einem schönen Aussichtspunkt hat es eine Bar und zur Feier des Tages genehmigen wir uns ein Glas kühlen Weisswein mit einigen Tapas. Aber wir sind noch nicht ganz da.

Zuerst gehen wir weiter bis zur Alcántara Brücke, überqueren diese geschichtsträchtige Brücke und steigen nachher die vielen Stufen hinauf zum Hauptplatz Toledos, der 'Plaza de Zocodover'.

Nach knapp drei Wochen auf einsamen Wegen und in mehrheitlich kleinen Orten stehen wir plötzlich in einer Grossstadt, inmitten von tausenden Touristen.

Wir bahnen uns einen Weg durch die engen Altstadtgassen bis zum Judenviertel (Judería), in welchem unser gebuchtes Hotel 'Pintor El Greco' liegt. In der Vorbereitungsphase für diese Pilgerreise hatte ich schon Monate im Voraus unseren Aufenthalt hier in Toledo geplant. Im Spanien Reiseführer des Michael Müller Verlages, war ein Tipp des Autors Thomas Schröder für das Hotel 'Pintor El Greco'. Ein typisch toledanisches Haus aus dem 17. Jh., das zu den schönsten Hotels von Toledo gehört. Ich bin seinem Tipp gefolgt und habe die Zimmer für uns gebucht. Erst jetzt habe ich das Gefühl, in Toledo angekommen zu sein.

3 ½ Wochen zu Fuss unterwegs, 480 km gegangen, gesund und munter – ein erhebendes Gefühl.

Einige der Pilger, die wir unterwegs getroffen haben, gehen nur bis Toledo. Sie haben in diesem Jahr nicht so viel Zeit zur Verfügung und planen in den nächsten Jahren hierher zurückkommen, um ihren Weg fortzusetzen.

Wir aber haben das Privileg, weiter laufen zu können. Schön!

Zuerst aber werden wir für drei Nächte hierbleiben, um diese wunderschöne Stadt zu besichtigen. Zudem erwarte ich auf morgen die Ankunft meiner Schwester Ruth aus Zürich.

22 Freitag, 16. Mai, mein 70-igster Geburtstag

Seit ich mich im Frühling 2008 auf meinen ersten Camino de Santiago aufmachte, habe ich mich daran gewöhnt, meinen Geburtstag immer irgendwo unterwegs in Spanien zu feiern.

In diesem Jahr ist es aber nicht einfach irgendwo unterwegs. Seit Frühling 2009 geht meine Schwester Ruth auch immer einen Teil meiner Caminos mit. Im Herbst 2013 hat sie mich wie üblich angerufen, um zu erfahren, ob die Pläne für den Frühling 2014 schon in Vorbereitung seien. Sie hat auch sofort präzisiert "egal, wo du an deinem Geburtstag sein wirst, ich komme auf jeden Fall dorthin". Natürlich hatte ich mir schon Gedanken über den Ort gemacht, an dem ich meinen runden Geburtstag feiern wollte. Meine Wahl war auf Toledo gefallen. Eine interessante Stadt, die ich, im Gegensatz zu Ursula, noch nicht kannte. Also haben wir unsere Camino Etappen so geplant, dass wir am Vortag von meinem 70-igsten Geburtstag in Toledo eintreffen und drei Nächte bleiben würden.

Heute ist es so weit. Ich freue mich riesig auf die Ankunft meiner Schwester. Ursula kennt sie auch schon von einem Camino im letzten Jahr. Ruth fliegt frühmorgens von Zürich nach Madrid. Von da wird sie mit ALSA (spanisches Busunternehmen) nach Toledo fahren und sollte gegen Mittag da sein. Ursula und ich gehen auf diese Zeit zum Busbahnhof, um Ruth abzuholen. Bei der Begrüssung realisiere ich plötzlich, dass da noch zwei meiner besten Freunde bei uns stehen. Walti Häni und seine Frau Ruth sind sozusagen als 'Überraschungspaket' auch hierhin gereist. Sie sind zusammen mit Ruth geflogen und die Drei haben alles hinter meinem Rücken organisiert. Ich kann es kaum fassen und bin überwältigt.

Toledo feiert im Jahr 2014 den 400. Todestag von El Greco (1541–1614) und zu diesem Jubiläum findet zurzeit die Ausstellung 'El Greco 2014' statt. Die meisten Hotels sind jetzt ausgebucht. Also kommt meine Frage nach der Unterkunft postwendend "in welchem Hotel übernachtet ihr"? Die Antwort von Walti folgt ebenso schnell, er schmunzelt und sagt "rate mal"! Super, auch sie haben ein Zimmer im gleichen Hotel buchen können.

Die drei sind mit der frühen Maschine von Zürich nach Madrid geflogen, d.h. sehr früh aufgestanden und schon viele Stunden unterwegs. Also fahren wir zusammen zu unserem Hotel, wo sie einchecken und sich etwas erfrischen können.

Nachher heisst es auf Restaurant-Suche zu gehen. Es ist spanische Mittagszeit (14 Uhr), die Stadt ist voll von Einheimischen und Touristen und dann kommen wir zu fünft und möchten einen Tisch fürs Mittagessen. Ohne Reservation versteht sich! Das Restaurante Palacios (auch ein Tipp von Thomas Schröder) ist zentral gelegen und es wird vorwiegend von Einheimischen frequentiert. Genau nach unserem Geschmack. Das ganze Lokal mit seinen zahlreichen verwinkelten Räumen ist voll, doch nach kurzer Zeit erhalten wir einen Tisch. Wir geniessen das lokale Speiseangebot und unser Zusammensein.

Nach der Siesta treffen wir uns wieder. Wir wollen die berühmte Kirche 'Sinagoga Santa Maria la Blanca' besichtigen. Diese Synagoge aus dem 12./13. Jh. wurde später in eine Kirche umgebaut. Im Inneren erinnert sie mit ihrer Mudéjar-Dekoration eher an eine Moschee.

In der Nähe von 'Santa Maria La Blanca' befindet sich die Kirche 'Iglesia de Santo Tomé'. In ihrem Inneren hängt das bekannteste Gemälde von El Greco 'El Entierro del Conde de Orgaz' (Begräbnis des Grafen von Orgaz). Dieses Gemälde ist mit 4,80 x 3,60 Metern das grösste Gemälde von El Greco. Nachdem für die El Greco Ausstellung leider keine Eintrittskarten mehr erhältlich waren, ist die Besichtigung dieses Gemäldes ein Muss auf unserer Tour.

In der Nähe dieser beiden Kirchen befindet sich das Museo Victorio Macho. Eines der schönsten Museen Toledos. Aus Zeitgründen besichtigen wir nur den Skulpturengarten mit der schönen Aussicht über das Tajo Tal.

Auf dem Hinweg zu unserer Besichtigungsrunde konnte ich glücklicherweise noch einen Tisch auf der Terrasse im Sterne Restaurant 'La Orza' für das Abendessen reservieren. Gediegene Atmosphäre, laue Sommernachts-Temperaturen, zufriedener Freundeskreis und exquisites Essen. Alles ist so gut, sodass wir das Fotografieren vergessen. Aber die Erinnerungen werden bleiben!

23 Toledo, Samstag und zweiter Ruhetag

Es ist weiterhin schönes und heisses Wetter. Heute gehen wir auf eine andere Art von Besichtigungstour. Ursula, Ruth und ich gehen zum Tajo hinunter. Auf dem Stadtplan haben wir entdeckt, dass ein Wander- und Radweg dem Fluss entlang angelegt wurde. Wir folgen diesem schönen Weg bis zu einer Brücke, überqueren da den Fluss und steigen danach auf die Rundstrasse bis zum 'Mirador del Valle' (Aussichtspunkt) hinauf. Rechts daneben befindet sich die kleine 'Ermita Virgen del Valle' aus dem 17. Jh. Bei der Eingangstüre steht auf einem Azulejo 'Aunque pequeña me veis, soy muy grande como ermita, pues la Reina que me habita tiene Toledo a sus pies' (Obwohl du mich klein siehst, bin ich als Einsiedelei sehr groß, denn die Königin, die in mir wohnt, hat Toledo zu ihren Füßen).

Zur linken Seite der Ermita ist die Bar 'Kiosko Base'. Das ist die Bar am Hochufer des Tajo mit dem grandiosen Blick über Toledo. Hoch auf einem Granitfelsen über der Tajo Schleife thront die Stadt mit ihren imposanten Gebäuden wie Kathedrale, Museum, Alcázar und dem Santa Cruz Komplex.

Nach einem Kaffee-Stopp besteigen wir den Bus, der uns auf die andere Flussseite zur 'Plaza de Zocodover' zurückbringt. Anschliessend schlendern wir drei durch die Gassen bis zum Restaurant Palacios, wo wir uns mit Walti und Ruth Häni treffen. Die beiden haben Toledo im letzten Jahr auf einer Rundreise besichtigt und haben den Morgen für eigene Besichtigungen benützt. Mittagessen nochmals im Restaurant 'Palacios'. Natürlich geniessen wir auch heute wieder die gesellige Essensrunde, zu fünft hat man sich immer viel zu erzählen.

Am frühen Abend gehen wir dann alle zusammen über die Alcántara Brücke auf die Panoramastrasse zum 'Kiosko' Base, um die einmalige Aussicht auf Toledo nochmals zu geniessen und den heutigen schönen Tag mit einem Apéro und Tapas zu beenden.

Wie ich schon bei Valencia erwähnt habe, könnte man die Besichtigung von Toledo noch intensivieren. Aber auch hier ist unsere Aufenthaltszeit beschränkt und wir sind froh, dass die Zeit für die schönsten Sehenswürdigkeiten gereicht hat.

24 Toledo – Torrijos

Es ist Sonntag und es ist wieder Pilgertag. Wir drei, Ursula, Ruth und ich, stehen um 09.30 Uhr mit gepackten Rucksäcken vor dem Hotel. Meine Schwester Ruth wird ab hier bis nach Zamora mit uns pilgern. Walti und seine Frau, auch erprobte Santiago Pilger, würden am liebsten mitgehen. Sie reisen aber heute in die Schweiz zurück.

Dann kommt das Taxi, welches uns an einen Punkt ausserhalb der Stadt bringen soll. Wir erklären dem Fahrer wo wir hinwollen. Das ist nicht ganz einfach, da es dort weder ein Dorf noch ein bekanntes Gebäude hat. Einfach eine Betonbrücke im Niemandsland, die über einen Seitenarm des Río Guadarrama führt und wo zu Beginn ein gelber Jakobus Pfeil sein soll. Es ist immer wieder erstaunlich, dass wir und die Taxifahrer solche Stellen auf Anhieb finden: Brücke da, gelber Pfeil da, also, es geht wieder los.

Zu Beginn ist es noch einmal schwierig. Ein grosser Kreisel, keine Ortsangaben und auch keine Pfeile. Hilfe naht in der Form einer Radfahrer Gruppe. Ich kann ihnen nicht einfach den Weg abschneiden und so rufe ich ganz laut 'por favor, por donde va el Camino de Santiago'? Der hinterste der Gruppe hält an, grüsst 'Hola Guapa' (Hallo Hübsche) und weist uns den Weg auf die Nationalstrasse N-403, später soll oben rechts der Weg von der Strasse abgehen. Muchas Gracias!

Gemäss Buch sollten es 7 km bis Rielves sein, aber es zieht sich hin. Der Weg führt durch Getreidefelder, die alle erntereif sind, aber im Gegensatz zu den grünen Feldern vor drei Wochen, ist das Getreide jetzt blassgelb resp. weizenblond. Es ist über 30° heiss und Ruth spürt die Hitze, die unbarmherzig auf uns niederbrennt. In einem Dorf am

Weg ist eine Bar offen, an Sonntagen um die Mittagszeit eine Seltenheit. Wir schauen, dass wir unsere Wasserflaschen auffüllen können. Dann machen wir uns wieder auf den Weg, um die noch fehlende Strecke hinter uns zu bringen.

Um 14.30 Uhr sind wir in Torrijos und gehen wie üblich zuerst essen. Wir erhalten einen Tipp für das Restaurante Tinin und tatsächlich, es gibt ein gutes Tagesmenu für 15€. Sonntags sind normalerweise keine Tagesmenus erhältlich und wenn doch, sind sie immer etwas teurer. Aber das ist immer noch ein guter Preis. Nach dem Essen gehen wir zur Station der Policia Local und erhalten den Schlüssel zu der Pilgerherberge, die sich in einem gegenüberliegenden Haus befindet. Möglicherweise war das ein ehemaliges Pfarrhaus. Vom grossen Empfangsraum im Erdgeschoss führt eine Treppe in den ersten Stock. Die Wände sind mit schönen Azulejos (spanische Wandkacheln, meist in blauen Farbtönen gehalten) ausgekleidet. Im oberen Stock befinden sich 4 kleine Zimmer mit je einem Etagenbett. Da keine von uns im oberen Bett schlafen möchte, beziehen wir je ein separates Zimmer. Wir haben Glück, es kommen keine weiteren Pilger.

Torrijos – Ávila, 5 Tagesetappen, höchster Punkt Puerto de El Boqueron, 1315 MüM

Die nächsten 5 Etappen führen uns in bergige Gebiete. Wir durchqueren auf diesem Camino zwei der bekannten Gebirgszüge an ihren Ausläufen. Aus Südwesten, von Plasencia her, erstreckt sich die Sierra de Gredos bis nach San Martin de Valdeiglesias. Eine Etappe später, in Cebreros, beginnt die Sierra de Guadarrama, welche sich ab da in Richtung Nordosten hinzieht. Diese Gegend mit ihrem mediterranen Bergklima wird von den Madrilenen gerne als Sommerfrische- oder Weekendaufenthalte benützt. Demzufolge sieht man immer wieder Siedlungen mit Ferienhäusern.

Die Wege folgen dem Verlauf der Geländeformen und so kommen wir immer wieder auf neue Hügel- oder Bergkämme. Die Blicke nach vorne lassen uns erahnen was in den nächsten Tagen auf uns zukommen wird. Teilweise können wir in der Ferne auch den Verlauf des Weges sehen, der uns immer wieder mal aufs Neue staunen lässt. Aber auch Blicke zurück lohnen sich. Teilweise stehen wir da und glauben kaum, wie weit wir schon gegangen sind.

25 Torrijos – Escalona

Ursula und ich sind ja bereits seit drei Wochen unterwegs und wir fühlen uns fit. Für meine Schwester ist das erst der zweite Tag, und wir werden die Etappen etwas gemütlicher angehen. Also geht Ursula die ganze Etappe zu Fuss. Ruth und fahren die ersten 12 km bis Maqueda, und laufen dann die restlichen 12.5 km bis nach Escalona.

Sofort aus Maqueda heraus, führt der Camino wieder auf Naturwegen in die Einsamkeit. Es ist leicht hügelig, mit schönen Aussichten in die Berge, die wir in den kommenden Tagen in Richtung Ávila überschreiten werden. Abgeerntete Getreidefelder, grosse Olivenplantagen, alte Steineichenwälder und Dehesas säumen unseren Weg.

Die angekündigte Kaltfront macht sich bemerkbar, aber es ist angenehm zu gehen. Gegen Mittag sehen wir schon die imposante Burg von Escalona und bald sind wir auch schon da. Zuerst ein Getränk auf der hübschen Plaza de Infante, bevor wir uns auf den Anmelde-Marathon machen. Policia Local, Rathaus und dann zu unserer Unterkunft. Es ist eine Casita (kleines Häuschen) mit 8 Betten auf einem geschlossenen Schulareal. Es ist lange nicht mehr gereinigt worden und so nehme ich zuerst mal den Besen in die Hand, um zu wischen. Das ist mein Dank für die Gratis-Unterkunft und dann mag ich, dass wir es sauber haben. Danach gehen wir zurück ins Dorf, um ein Restaurant zu suchen. Um 14 Uhr ist Ursula auch da und wir gehen zum Mittagessen. Nach der Siesta klopft es an unsere Türe. Ein muffliger Pilger kommt an und scheint nicht erfreut, dass er die Unterkunft mit drei Frauen teilen muss. Wir vermuten, dass er wie ein Bär schnarchen wird, und so war es dann auch. Am späteren Abend ist die vorhergesagte Regenfront da und es regnet.

26 Escalona – San Martin de Valdeiglesias

Die Strecke sollte man in zwei Etappen aufteilen, aber in der Mitte fehlt eine Übernachtungsmöglichkeit. So haben wir uns gestern Abend nach einer Fahrtmöglichkeit erkundigt. Hier fahren keine Busse, also werden wir mit dem einzigen Taxi am Ort fahren. Ursula fährt bis nach Almorox (7 km) und geht von da die restlichen 24 km. Ruth und ich fahren bis zur Wohnsiedlung El Romillo (14 km) und laufen von dort die restlichen 16 km.

Zur Info: Almorox ist der letzte Ort in Castilla-La Mancha. Bevor wir für viele Wochen in der flächenmässig grössten autonomen Region Castilla y León unterwegs sein werden, wandern wir heute und morgen in der autonomen Region Madrid.

Heute ist die Wegfindung gar nicht einfach. Im Outdoorführer ist ein kleiner Kartenausschnitt, in welchem der Weg bei der Siedlung El Romillo die Nationalstrasse N-403 überquert. Von dort soll es leicht hinauf gehen, vorbei an unzähligen Viehgattern und grossen Granitblöcken, 300 m eine erdige Brandschneise hinunter, usw. Unser Taxifahrer hatte uns schon am Vorabend darauf aufmerksam gemacht, dass die Siedlung El Romillo in der Zwischensaison geschlossen sei. Für uns ist das ok, da wir ja von hier laufen wollen. Vor Ort ist dummerweise kein gelber Pfeil und auch kein Muschelzeichen zu finden. Also folgen wir einfach dem Weg. Bald kommt uns ein Auto entgegen und ich frage nach dem Weg. Die Arbeiter weisen uns auf die Nationalstrasse zurück, das wollen wir aber nicht. Also laufen wir gemäss dem kleinen Plan weiter. Bald darauf kommt uns ein älteres Ehepaar mit einem Hund entgegen. Ich frage nochmals, und auch sie wollen uns auf die Carretera zurückweisen. Wie ich ihnen die

Wegbeschreibung, Zeile per Zeile übersetzt vorlese, sagt die Frau plötzlich "Ja das stimmt. Folgen Sie diesem Weg und ignorieren Sie alle Abzweigungen links und rechts". Wir bedanken uns und laufen wie angewiesen weiter. Nach der Brandschneise hat es ein weiteres Viehgatter und dann erreichen wir eine kleine Strasse. Tatsächlich finden wir dort dann auch den ersten Pfeil.

Der Weg ist traumhaft schön. Es ist ein Naturpfad, der durch Pinienwälder mit alten, knorrigen Bäumen und vorbei an vielen imposanten Granitfelsen führt. Dort, wo sich der Wald etwas lichtet, werden wir immer wieder mit schönen Ausblicken in die Weite verwöhnt. Rundherum sind Berge und Täler zu sehen. Seit der Abreise von Toledo sind erst drei Tage vergangen und es ist erstaunlich, wie stark sich die Umgebung verändert hat. Von flacher Meseta mit weitreichenden Getreidefeldern zu waldigem Hügelgebiet. Bei der ersten Pause bemerke ich, dass eine der Sandalen, die aussen an meinem Rucksack hängen, fehlt. Dem ersten Impuls folgend, gehe ich etwas zurück, merke aber schnell, dass die Stelle, an welcher ich die Jacke ausgezogen habe, zu weit zurück liegt. Und jetzt? Es gibt zwei Möglichkeiten
1.   Der Schuh liegt auf dem Weg und Ursula wird ihn finden.
2.   die Sandale liegt Kofferraum des Taxis.
Egal, momentan kann ich nichts machen. Der Weg verläuft weiter hügelauf und hügelab, vorbei an Pinienwäldern, Zistrosen und Schopflavendel. Es riecht intensiv nach Mittelmeerklima.

Um 13 Uhr sind wir in San Martin de Valdeiglesias. Wir sehen ein Reklameschild der Casa Rural von Adel. Wie sich zeigen wird, ist es eine gute Wahl. Das Privathaus ist gemütlich eingerichtet und alles ist sehr sauber. Auf der hinteren Seite des Hauses befindet sich ein traumhaft schöner Garten, voll mit blühenden Blumen. Ursula wird erst viel später ankommen und so gehen Ruth und ich essen und anschliessend zu unserer obligaten Siesta. Später am Nachmittag treffen wir Ursula und das Trio ist wieder komplett.

Etwas später mache ich den Taxifahrer ausfindig und zu meiner Freude hat er meine Sandalette im Kofferraum gefunden. Vor dem Anruf zum Taxifahrer musste ich in der Übersetzungs-App Leo noch das Wort für Kofferraum suchen. 'Maletero' - wenn man ohne Auto unterwegs ist, gehört dieses Wort nicht unbedingt zum täglichen Wortschatz.

Meine Sandaletten befestige ich jeweils mit Karabinerhacken aussen am Rucksack. Bis jetzt kannte ich zwei Arten von Karabinerhacken. Robuste metallene, welche mit einem Schraubverschluss verstärkt sind. Dann hübsche, farbige, jedoch leichter, aber ohne Verschlussmechanismus. Typisch für mich, hatte ich die farbigen Karabiner gekauft, diejenigen die zu den Türkis Sandaletten passten. Irgendwie zeigt diese Wahl, dass man auch im Alter nicht vor einem 'Spleen' gefeit ist.

In Zukunft werde ich jedes Mal nach einer Fahrt genau kontrollieren müssen, ob beide Sandaletten noch am Rucksack hängen.

27 San Martin de Valdeiglesias – Cebreros

Während der Nacht beginnt es stark zu regnen. Die angekündigte Front mit Niederschlag und tieferen Temperaturen ist da. Ich hatte den Wecker auf 6 Uhr gestellt, aber aufgrund des Regens stehen wir erst um 7 Uhr auf.

Wenn ich auf einem Pilgerweg unterwegs bin, und ich höre frühmorgens vom Bett aus den Regen draussen plätschern, dann würde ich mich sehr gerne einfach umdrehen und weiterschlafen. Aber es hilft Nichts, man will ja weiter gehen. Aufstehen, Frühstücken, Regenmontur anziehen (das erste Mal auf diesem Camino) und um 9 Uhr laufen wir los. Es sind nur 19 km, d.h. 5 Stunden.

Die heutige Etappe führt zuerst zu den Toros von Guisando. Das sind vier grosse Granitskulpturen aus dem 3. oder 4.Jh., die Stiere darstellen. Der Weg dorthin ist ein kleiner Umweg, aber wir möchten dieses Monument unbedingt sehen. Da Markierungen fehlen müssen immer wieder fragen. Wir haben das Gefühl, retour zu gehen und in der Tat geht der Umweg zuerst retour. Nach nochmaligem studieren des Kartenausschnitts begreifen wir die Wegführung. Nach einer knappen Stunde sind wir da und wie bestellt, zeigt sich die Sonne. Kaum haben wir fertig fotografiert, fegt der nächste Regenschauer über uns hinweg. Dann folgt der Weg für eine kurze Strecke der Landstrasse, um dann rechts abzubiegen. Was uns nun erwartet ist wieder pure Schönheit. Wildnis, viele laute Vögel, schöne Landschaft, grüne Weiden und grosse Granitfelsen, durch die wir uns teilweise durchquetschen müssen. Wir überschreiten zwei schöne Römerbrücken aus dem 12. und 13. Jh., die wegen ihrer Abgeschiedenheit sehr gut erhalten sind.

Unser heutiges Etappenziel ist Cebreros, welches auf 750 MüM liegt. Zum Schluss der Etappe folgen wir einem ca. 1-stündigen steilen Aufstieg, der uns direkt in das Dorfzentrum führt.

Nach dem Mittagessen machen wir uns auf die Suche nach der Unterkunftsmöglichkeit. Es hat hier keine Policia Local und im Rathaus sowie in den wenigen Bars wimmeln sie uns ab. Erst die Guardia Civil sagt uns, dass sich oben im Dorf eine Hotelfachschule befindet, und die würden sich um die Unterkunft der Pilger kümmern. Also weiter hinauf und dann die Überraschung. El Rondón ist eine Hotelfachschule auf 4-Stern-Level. Wir registrieren uns, erhalten den Schlüssel zur Albergue Turistico. Gut gelegen, viele Zimmer mit je bis zu 6 Betten, modern, gute Betten, saubere sanitäre Anlagen M / F getrennt. Wir sind positiv überrascht.

Nach einem unfreundlichen, ja eher ablehnenden Empfang im Dorf, so etwas. Man lernt nie aus.

Wir gehen zum Einkaufen ins Dorf hinunter, da die morgige Etappe über einen hohen Pass führt und es, wie schon in den letzten Tagen, unterwegs keine Einkehr-Möglichkeit gibt.

28 Cebreros- San Bartolomé de Pinares

Wir haben uns gestern Abend entschieden, im El Rondón zu frühstücken. Das Restaurant öffnet erst um 08.30 Uhr und somit können wir ausschlafen.

Am Morgen ist es bewölkt und kühl, aber es regnet nicht. Vorerst nicht. Heute ist eine Bergetappe. Gemäss Outdoor Pilgerführer soll sie 15 km lang sein, Theo (ein Pilger aus Holland, den ich seit 2011 von der Via de la Plata her kenne) hat in seinen Infos vermerkt, dass es 18 km sind, und er geht mit GPS.

Vom Dorf her steigt der Weg sofort an bis hinauf auf die Bergkuppe. Wir folgen den kleinen Naturwegen in der Nähe einer kaum befahrenen Strasse. Die Vegetation hier oben besteht aus Schopflavendel, Ginster und Koniferen. Oben auf dem Pass mit dem schwierig auszusprechenden Namen 'Puerto de Arrebatacapas' fegt die erste Regenfront über uns. Immer wieder folgen weitere Regenschauer. Zwischendurch zeigt sich kurz die Sonne und wir nützen diese Zeit, um unser Picknick zu essen. Weiter steigen wir über Alpwiesen stetig hinauf. Ich weiss gar nicht, wie ich dieses Gebiet beschreiben soll, evtl. Hochweiden? Wir befinden uns auf einer Hochebene mit Naturpfaden und einer kaum befahrene Passstrasse. Ganz oben treffen wir auf einen Hirten mit einer 300 Tiere grossen Ziegenherde. Ich mag Ziegen, sie sind erfrischend neugierig. Dazu kommt, dass Ziegenbeweidung eine optimale Massnahme gegen verbuschende steile Hänge und andere von Verbuschung bedrohte Standorte sind.

Wir haben damit gerechnet in ca. 4 Std am Zielort zu sein, haben jedoch die Höhendifferenz ausser Acht gelassen und so werden es nun 5 Stunden. Bis kurz vor dem Bergdorf San Bartolomé de Pinares würde man nicht einmal ahnen, dass sich hier ein Dorf befinde. Nur Berge und tiefe Täler um uns herum. Auf der gegenüberliegenden Tal Seite ist wohl ein Dorf zu sehen, aber dafür ist die Distanz zu weit. Aufgrund von einigen Trekkings im Himalaya kann ich die Distanz in den Bergen relativ gut einschätzen.

Riesige Granitblöcke liegen verstreut herum. Ein grosser markanter Block sieht aus wie ein 'Popo' von hinten. Ursula lernt hier einen weiteren schweizerdeutschen Ausdruck (Füdli) kennen und amüsiert sich köstlich.

Plötzlich fällt der Weg steil ab und ebenso plötzlich wird aus dem Pfad eine Betonrampe. Wir sind da! San Bartolomé de Pinares, 1'039 MüM, ein 500 Seelen Bergdorf. Als Willkommensgruss kläfft uns eine Hundemeute an. Der Ort sieht wie ausgestorben aus, aber es hat zumindest eine Bar, in der wir uns verpflegen können. Die Pilgerherberge (Albergue Municipal) befindet sich im Gebäude 'Consultorio Medico' (Medizinische Beratungsstelle). Es hat ein enges Zimmer mit drei Doppelstockbetten und es sind bereits drei Pilger hier. Die Männer helfen uns, die oberen drei Matratzen in das Wartezimmer zu legen, und somit hat es genügend Platz für uns alle. Die Heizung ist aus, und ich denke mir, dass es während der Nacht kalt werden wird. Am Abend hellt es etwas auf und wir machen unseren obligaten Dorfrundgang. Nachher wärmen wir uns in der Bar La Plaza bei einem warmen Tee, und besprechen die Pläne für morgen.

29 San Bartolomé de Pinares – Ávila

Seit meinem ersten Camino im Jahr 2008 habe ich mich für eine tägliche Distanz von 20 bis 25 km entschieden. Ich weiss, für viele Pilger scheint das wenig. Sie gehen 30- 40 km pro Tag und kommen dann komplett ausgelaugt am Etappenort an. Von einem Sherpa in Nepal haben meine Schwester und ich in den 90-iger Jahren erfahren, dass für die meisten, körperlich fitten, Menschen eine Marschzeit von 5-6 Std. optimal ist. So kommt man selten an seine Grenzen und hat immer noch genügend Reserven, um den Etappenort zu erkunden.

Die heutige Etappe würde grössere Anforderungen an uns stellen. Gemäss Outdoor Führer soll sie gegen 28 km lang sein. Zuerst gilt es zum Dorf El Herradón auf 918 MüM abzusteigen, um anschliessend 400 Höhenmeter zum Pass 'Puerto de El Boqueron', dem höchsten Punkt auf dem Camino de Levante, wieder hinaufzusteigen. Es gibt keine Möglichkeit, die Etappe zu teilen. Wir haben uns gestern Abend nach einer Mitfahrgelegenheit auf den Pass erkundigt, aber das Resultat ist negativ. Es gibt wohl einen Bus, der morgens nach 08 Uhr nach Ávila fährt, aber der fährt eine andere Strecke.

Die Nacht war sehr kalt und entgegen unserer Hoffnung ist es am Morgen wieder bedeckt und tiefliegende Wolken verhüllen Berge und Umgebung. Gemeinsam entscheiden wir uns darum, auf die Etappe zu verzichten und mit dem Bus nach Ávila zu fahren. Da wir bereits am Vormittag in Ávila eintreffen werden, haben wir genügend Zeit, diese Stadt ausgiebig zu besichtigen.

Ávila ist die höchstgelegene Stadt Spaniens, auf 1'128 MüM gelegen. Sehenswert ist die guterhaltene Stadtmauer, welche den alten Stadtkern vollständig einschliesst.

Die Pilgerherberge liegt nahe der Römerbrücke, die über den Fluss Adaja führt. Also zentral gelegen und einladend eingerichtet. Wir erhalten ein 4 Bett Zimmer für uns allein, richten uns gemütlich ein, und nach den primitiven Sanitäranlagen von gestern Abend, geniessen wir erst einmal eine warme Dusche. In der Zwischenzeit haben sich die Wolken verzogen und die Sonne scheint warm. Nach dem Mittagessen und der Siesta erkunden wir die Stadt. Wir steigen auf die imposante Mauer, gehen über die römische Brücke zum 'Mirador Los Quatro Postes', der den schönsten Blick auf die Stadt Ávila mit der Mauer und den Wehrtürmen bietet. Der Aussichtspunkt selbst, mit den 4 Meter hohen Säulen, eignet sich vor allem im Abendlicht als spezielles Foto-Motiv.

Dann heisst es, die Planung für die zwei folgenden Tage, Samstag und Sonntag, zu machen. Wir werden wieder vorwiegend in menschenleeren Gegenden unterwegs sein und müssen Getränke und Proviant einkaufen.

30 Ávila – Gottarendura

Das Frühstück nehmen wir in einer Bar auf der gegenüberliegenden Seite der Römerbrücke ein. Um 8 Uhr laufen wir los. Die Pfeile sind zahlreich vorhanden und sehr gut platziert. Zuerst gehen wir über eine kaum befahrene Landstrasse, bevor wir abbiegen können. Dann führt der Weg durch eine einsame raue Gegend. Granitfelsen, Steineichen, Schopflavendel und Kornblumen säumen unseren Weg. In einiger Entfernung sehen wir einen grösseren Stausee.

In der Hälfte der Strecke durchqueren wir eine kleine Siedlung und genehmigen uns in der Bar einen Kaffee. Kurz bevor wir dort ankamen, sahen wir einen Vogel auf einem Zaun, der uns mit seinem Gesang in den Bann zog. Ich konnte ihn fotografieren und in der Bar zeigte ich das Bild dem Besitzer. Ich kannte das spanische Wort für Nachtigall und fragte danach. Der Wirt kannte den Vogel nicht, aber ein anderer Gast wollte das Bild sehen, und ja, es ist ein Ruizseñor (Nachtigall).

Seit Ávila durchwandern wir die Kastilische Hochebene. Der Himmel ist blau mit tiefliegenden Kumuluswolken. Sobald wir über einen Hügel kommen, verblüfft uns immer wieder diese unendliche Weite. Durch die leicht abwärtsführende Topografie sind die heutigen 24 km leicht zu bewältigen. In 6 Stunden sind wir in Gottarendura, Kaffeepause miteingerechnet. Unsere Kilometerberechnung basiert auf einem 4km/Std Schnitt. Das erleichtert uns, die Angaben im Führer richtig zu interpretieren. Wenn es heisst, die nächste Abzweigung folgt in einem Kilometer, wissen wir, dass wir dafür 15 Min. Gehzeit benötigen.

Die Übernachtungssituation hat sich, gegenüber den Angaben im Outdoor Führer von 2010, verändert. Die Pilgerherberge ist jetzt eine Touristische Herberge (keine reine Pilgerherberge mehr). Wir belegen ein 3-Bett Zimmer mit eigener Dusche. Das Mittagessen nehmen wir im Restaurant des Dorfes ein. Auf der Speisekarte stehen 'Alubias blancas' (weisse Bohnen) und Rindsvoressen. Beides schmeckt vorzüglich.

Die Franzosen (Philip und Ghislaine), die wir in Tembleque, drei Etappen vor Toledo, getroffen hatten sind auch hier.

Gottarendura ist ein kleines Dorf mit 100 Einwohnern. Der Dorfrundgang dauert keine 10 Minuten und so sitzen wir am Abend zusammen in der Bar und schauen Fussball.

In den ländlichen Gegenden in Spanien ist öfters ein kleiner Laden in die Bar integriert. Dort kann man sich mit dem Nötigsten eindecken. Morgen ist Sonntag und der Wirt erklärt, dass er die Bar erst um 11 Uhr öffnen würde. Also kaufen wir schon heute Abend alles Notwendige für morgen ein, inkl. Tassen für einen Schnellkaffee und Joghurt mit Honig fürs Frühstück.

31 Gottarendura – Arévalo, über 30 km!

Start um 07.50 Uhr, stahlblauer Himmel und frische 6-8°. Die Franzosen starten mit uns. Bald sind wir wieder in der Weite. Es folgen 2 kleine Dörfer, in denen keine Menschenseele und auch kein Hund unterwegs ist. Dann aber treffen wir bei einer Tankstelle auf eine geöffnete Bar. Es gibt Automatenkaffee und einige Kekse, nicht gerade ein Highlight, aber besser als Nichts.

Der Weg durchquert bald ein kleines Pinienwäldchen, in dem Harz gewonnen wird. Ich inspiziere die Plastikbecher an den Stämmen. So etwas habe ich selten gesehen. Nach 12 km liegt ein Dorf am Weg, in dem eine Bar geöffnet hat. Wir bestellen 'Huevos Fritos con Beicon' (Spiegeleier mit Speck), ein richtiges Sonntags-Highlight!

Der Weg führt wieder durch einen Pinienwald mit Harzbehältern an den Stämmen, diesmal ist der Wald aber gross und lang. Zuerst finde ich es noch schön, aber mit zunehmender Distanz wird es langweiliger und farbloser. Es ist so wie durch Gegenden mit Monokulturen zu gehen.

Bei km 20 erreichen wir die Carretera (Landstrasse) und müssen ihr bis nach Arévalo folgen. Weitere 10 km (2 ½ Std) auf Sandwegen neben der Strasse und echt mühsam zu gehen. Es wird nach 15 Uhr bis wir den Ortsrand von Arévalo erreichen. Seit 11.30 Uhr sind wir ohne Halt und ohne Sitzgelegenheit durchgegangen. Uff!!

Normalerweise wird es bei uns während dem Pilgern nie hektisch. Wir haben die Anforderungen der Strecken und die Distanzen im Griff. Heute aber, ist es eine lange Etappe und dazu ist es Sonntag. An Sonn- und Feiertagen besteht immer ein gewisses Risiko, nur geschlossene Restaurants und Geschäfte anzutreffen. Wir laufen schneller als sonst, weil wir noch auf ein offenes Restaurant mit warmer Küche hoffen. Dann plötzlich, von der Strasse etwas zurückversetzt, sehe ich ein Schild 'Asador El Figón' (Asador ist ein Speise-Restaurant). Also nichts wie hin.

Was nun folgt liest sich im Nachhinein wie eine Parodie

Ein grosses Speiselokal, lautes Stimmengewirr und immer noch alle Tische voll besetzt. Kellner, die sich gekonnt zwischen den Tischen hindurchbewegen und Essen und Trinken servieren. Familien die sich angeregt unterhalten und Kinder die übermütig herumtollen.

Und dann stehen wir drei da. Verstaubt, verschwitzt, mit Rucksack, in Wanderschuhen, und die Gesichter von der Anstrengung noch leicht gerötet - ein krasser Gegensatz zu all den sonntäglich und elegant gekleideten spanischen Gästen.

Einer der Verantwortlichen kommt auf uns zu und fragt nach unseren Wünschen. Wir fragen, ob wir wohl noch etwas essen könnten. Seine Antwort – ja sicher, wartet kurz, ich mache euch einen Tisch bereit. Wer jetzt denkt, dass wir vor Glück am liebsten laut geschrien hätten, liegt falsch. Die ganze Anspannung der letzten halben Stunde ist weg, wir stehen ruhig da und denken, was für ein Glück!

Nach kurzer Wartezeit ein Handzeichen aus dem hinteren Teil des Saals und wir werden an einen frisch gedeckten Tisch gebeten. Wir werden zuerst nach den Getränkewünschen gefragt, und erhalten dann eine Speisekarte, um uns in das Speiseangebot vertiefen zu können. Als erstes werden die Getränke gebracht (in Spanien ist immer eine grosse Flasche Wasser dabei) und dann bestellen wir unser Essen. Anschliessend folgt die Erfrischungspause. Ich muss neben den Händen immer auch mein Gesicht abwaschen, ich mag die salzige Haut im Gesicht nicht.

Und wenn wir dann alle drei am Tisch sitzen, kommen die Lebensgeister zurück. Wir sprechen über die Strecke, was Jede von uns gesehen und evtl. fotografiert hat, über unsere Gedanken während des Gehens etc. Und wenn dann die Vor- und Hauptspeise serviert wird, kehrt eine 'gefrässige Stille' ein (das haben wir im Jahr 2009 von Bernd auf dem Camino Francés gelernt). Das Essen schmeckt hervorragend und wir sind rundum zufrieden.

Gegen 17 Uhr gehen wir zu unserem gebuchten Hostal im Zentrum des Ortes und sind froh, angekommen zu sein. Die Siesta muss heute ausfallen, da wir uns, nach duschen und waschen, an die Vorbereitung für den folgenden Tag machen müssen. Nach solch langen Etappen fehlt uns zudem die Zeit und die Energie, den Ort und die unzähligen Gebäude im Mudéjar-Stil zu besichtigen.

32 Arévalo – Medina del Campo

Die Etappe von Arévalo nach Medina del Campo wäre wieder 32 km lang. Dazu verläuft der Camino auf der ganzen Länge der Autobahn A-6 und der Bahnlinie Madrid-Galicien entlang. Nicht direkt daneben, aber doch in der Nähe. Sie merken, ich schreibe wäre und das bedeutet bei mir, dass eine Änderung ansteht.

Vor einem halben Jahr, zu Beginn unserer Planung, hat Ursula am Telefon erzählt, dass sich in der Nähe von Medina del Campo das 'Castillo de Fonseca, auch Castillo de Coca' genannt befindet. Aus einem ihrer Bildbände mit den schönsten Burgen und Schlösser von Spanien kenne sie das Schloss von Coca schon seit Jahrzehnten, habe aber nie die Möglichkeit gehabt, es zu besichtigen. Bei solchen Tipps oder Wünschen müssen wir beide nie lange überlegen. Einerseits ziehen wir unser Alter in Betracht, denn wir wissen nicht, wie lange wir noch solche ungewöhnlichen Reisen unternehmen können und andererseits ist auch hin und wieder ein alternativer Pilgertag erlaubt. Heute ist so einer!

Arévalo – Coca – Medina del Campo ist wie ein Dreieck auf der Landkarte. Wir fahren mit einem Taxi 30 km in Richtung Segovia. Die Fahrt über die kastilische Hochebene ist sehenswert. Das Schloss Castillo de Coca ist eine imposante Backsteinburg im Mudéjarstil, erbaut im 15. Jh. und es kann besichtigt werden. In Spanien sind Museen am Montag normalerweise geschlossen, aber dank Internet wusste ich, dass das Castillo de Coca am Montag geöffnet ist.

Zwei Türme sind offen und wir können die interessanten Restaurierungen der Azulejos im Mudéjarstil bewundern. Auch von aussen ist das Schloss beeindruckend, und bei schönem Wetter gibt es imposante Bilder.

Während wir das Schloss besichtigen, wartet unser Fahrer auf uns. Für ihn ist es eine schöne Fahrt über Land, die er so nicht jeden Tag fahren kann.

Für uns hat sich dieser Ausflug absolut gelohnt. Wir haben ein grandioses Bauwerk besichtigt und der Körper konnte sich auf der Fahrt durch diese einzigartige Landschaft von der gestrigen Anstrengung erholen.

Nach der Besichtigung geht die Fahrt 30 km in Richtung Nordwesten. In Medina del Campo sehen wir ein Hostal und fragen dort nach einem Zimmer. Der Besitzer hätte eines frei, hat aber eine telefonische Reservation für das Zimmer. Er getraut sich nicht, uns das Zimmer zu geben und so gehen wir ins Kloster und übernachten bei den Padres. Drei einzelne Zellen mit je einem Bett, gut und sauber. Solche Übernachtungen machen immer wieder die Einzigartigkeit einer Pilgerreise aus. Wer kann schon von sich sagen, in einem Kloster übernachtet zu haben.

In Medina del Campo befindet sich ein Denkmal von Königin Isabella La Católica. Sie verbrachte viele Jahre ihres Lebens in dieser Stadt und verstarb in Medina del Campo im Jahr 1504. Isabella I. von Kastilien, auch Isabella die Katholische genannt, war von 1474 bis 1504 Königin von Kastilien und León und von 1479 bis 1504 als Gattin Ferdinands II. auch Königin von Aragón.

33 Medina del Campo – Nava del Rey

Wir durchwandern heute eine ganz andere Gegend und Topografie, es ist leicht hügelig und der Weg schlängelt sich durch eine wenig genutzte Gegend. Wir laufen einer alten Bahnstrecke entlang und ich denke mir, dass hier sicher kein Zug mehr fährt. Aber falsch gedacht, plötzlich tuckert eine einsame kleine Zugkomposition daher.

Wir passieren eine abgelegene Schaffarm und eine Weide mit Kühen. In einem Weiler machen wir Rast auf der Dorfwaage. Danach überquert der Weg die Baustelle der zukünftigen AVE Strecke Madrid – Galicien, 'Alta Velocidad Española' (Spanischer Hochgeschwindigkeitszug). Die Bahnstrecke Madrid - Zamora sollte im Jahr 2015 fertig sein. Zamora – Orense aber erst im Jahr 2022.

Irgendwann kommen uns zwei Männer auf ihrer Joggingrunde entgegen. Das sieht man selten, meistens sind es Frauen auf ihren Nordic Walking- oder Jogging Trainingsrunden. Bald kann man von einer leichten Anhöhe den Kirchturm von Nava del Rey sehen. Nach 12 Uhr sind wir schon da. Gemäss Pilgerführer könnte man im Kapuzinerinnenkloster übernachten, doch die nehmen keine Pilger mehr auf. Also beziehen wir Zimmer im zentral gelegenen Hostal Zamora.

In Nava del Rey befindet sich die grosse Kirche Los Santos Juanes aus dem 16. Jh. mit einer sehenswerten Sakristei. Der Leiter des Tourismusbüros zeigt uns in einer privaten Führung die sehenswerte Kirche. Von ihm erfahren wir auch noch, dass grosse Teile des Ortes mit Weinkellern unterhöhlt sind. Zu früherer Zeit wurde hier sehr viel Wein angebaut und einige Keller werden auch heute noch benutzt.

34 Nava del Rey – Castronuño

Während der Nacht hat es wieder einmal stark geregnet. Ich habe in meiner Wetter-App einige Tropfen gesehen, aber nicht an Regen geglaubt. Der Wecker war auf 06.15 gestellt, aber angesichts des nassen Wetters entscheiden wir uns, erst um 8 Uhr zu frühstücken. Schliesslich laufen wir in Regenmontur los. Das Licht ist zwar in Grautönen, aber der Weg ist trotzdem schön und auch einfach zu gehen. Am Anfang eher flach, dann wird es langsam hügelig. Nach 2 Stunden kommen wir durch ein Dorf und würden gerne einen Kaffee trinken, aber die Bar öffnet erst um 13 Uhr. In der Tienda (Laden) kaufen wir Brot und Käse und essen die Hälfte dieser knusprigen Brötchen auf einer Bank neben der Kirche. Es ist kühl und somit fällt die Pause eher kurz aus.

Nun folgt eine äusserst abwechslungsreiche Strecke. Bald befinden wir uns in einem Seitental des Flusses Duero. Es hat sehr viele Mohn- und Kornblumen und das Land ist wieder viel grüner. Um 13.30 Uhr sind wir in Castronuño, unserem heutigen Etappenort. Bei der telefonischen Anmeldung gestern hat mich die Hospitalera aufgefordert, sie anzurufen, wenn wir da sind. Weil es regnet, holt sie uns mit ihrem Auto am Anfang des Dorfes ab, und auf dem Weg zur Pilgerherberge macht sie mit uns noch eine Dorfrundfahrt. Castronuño liegt an einer markanten Flussschleife des Flusses Duero. Die Pilgerherberge ist neu, verfügt über 9 Betten und öffnet vorerst nur nach Bedarf. In der Herberge sind bereits die beiden Spanier und der Finne eingetroffen (die drei von San Bartolomé de Pinares). Es ist immer wieder speziell, dass man Pilger über Tage nicht sieht, um sie dann plötzlich wieder an einem Etappenort zu treffen. Man tauscht sich untereinander aus und erfährt, dass sie einen

Umweg gegangen sind oder einen Ruhetag in einem Ort verbracht haben.

Gegen Abend hört der Regen auf. Wir gehen noch auf eine Dorfrunde und besichtigen die Kirche aus dem 13. Jh., welche auf der Anhöhe über der Duero Schleife steht. Wir lassen unseren Blick über den träge dahinziehenden Fluss schweifen. Es hängen dunkle Gewitterwolken über dem Flusstal, irgendwie mystisch. Wenn ich wieder einmal am Ufer des Río Duero stehe, ist das für mich wie heimkommen.

Einsatz als Hospitalera Voluntaria in Pilgerherbergen

Auf meinen ersten Caminos habe ich das grosse Engagement der verantwortlichen Hospitaleros/as bewundert. Sie empfangen die ankommenden Pilger mit viel Empathie, obwohl sie lange Arbeits- und Präsenzzeiten haben. Was man nicht sieht ist die unglaublich strenge Arbeitszeit am Morgen, sobald die Pilger das Haus verlassen haben. Hier gilt es, innert kürzester Zeit das ganze Haus zu putzen und auf Vordermann zu bringen. Dann duschen, waschen, einkaufen, essen und um 13 oder 14 Uhr wieder bereit zu sein, die neu ankommenden Pilger zu empfangen. Als Hospitalero/a ist man in erster Linie für die organisatorischen Belange zuständig, aber ebenso wichtig ist es, ein offenes Ohr für die Anliegen der Pilger zu haben. Und sei es, nur einfach zuzuhören.

Während meines 2. Caminos hatte ich mir vorgenommen, als Dank für die vielen Übernachtungen in den 'Albergue de Peregrinos' (Pilgerherbergen), im folgenden Jahr einen freiwilligen Einsatz in einer spanischen Pilgerherberge zu leisten.

Im Spätherbst 2009 habe ich die notwendigen Schritte in die Wege geleitet und im Frühling des Jahres 2010 habe ich den Ausbildungskurs in Logroño absolviert. Anschliessend an den Kurs habe ich meinen ersten Einsatz als Hospitalera Voluntaria in Ponferrada geleistet. Danach war ich einmal in Grañon und zweimal in Zamora. In Zamora habe ich mich von Anfang an sehr wohl gefühlt und darum ist das für mich wie nach Hause kommen.

Die Einsätze dauern jeweils einen halben Monat. In Ponferrada sind ca. 5 Hospitaleros/as anwesend, da diese Herberge 180 Betten hat. Zamora hat nur deren 32, dafür ist man hier meistens allein im Einsatz. Grañon, eine Kultherberge am Camino Francés hat ca. 60 Plätze und die zwei Hospitaleros/as kochen am Abend auch noch für und mit den Pilgern. Auch eine wunderbare Erfahrung.

Seit ich mich im Herbst 2013 entschieden habe, den langen Camino de Levante zu gehen, fehlt mir in diesem Jahr die Zeit für einen weiteren Einsatz in einer Pilgerherberge.

35 Castronuño – Toro

Die Nacht war eher unruhig. Nicht wegen Schnarch Geräuschen, sondern weil einer der Männer anscheinend unruhige Beine hatte, und es aufgrund der Plastik Matratzenüberzüge dauernd stark raschelte.

Aufstehen um 06.30 Uhr. Gestern spätabends hat es nochmals stark geregnet, aber heute Morgen ist es trocken. Die Hospitalera hat uns gestern erklärt, dass der Weg heute über Hügel führen wird, hinauf und hinunter.

Wir sehen zum ersten Mal eine riesige 'Wasser-Libelle' in Aktion. In der Zwischenzeit weiss ich wie die Dinger heissen. Es sind Beregnungswagen, welche die grossen, mit Getreide oder Gemüse angebauten Felder mit Wasser bewässern. Eindrücklich! Wenn der Weg sehr nahe an diesen Bewässerungswagen vorbeiführt, müssen wir genau 'timen', um nicht von einem Regenguss überrascht zu werden.

Nach ca. 1 ½ Stunden erreichen wir das Dorf Villafranca del Duero und genehmigen uns ein spätes Frühstück. Wir bestellen wieder unser geliebtes Pan tostado con tomate und erhalten zum ersten Mal einfach 2 Scheiben Toastbrot mit je einer Tomatenscheibe. Frühstücksmässig sind wir definitiv in Mittelspanien gelandet. Hier wird als Frühstück nur Toastbrot mit Butter und Marmelade serviert.

Hügelauf und hügelab geht es weiter, vorbei an fruchtbaren Feldern. Irgendwann setzen wir uns bei einer Wasserstation hin, um unser Bocadillo zu essen. Im Wasserbecken sehen wir eine Schlange. Später erfahren wir von den Franzosen, dass Philip in das Becken hinabgestiegen ist und die Schlage gerettet hat.

Heute werden wir Toro erreichen. Ich bin sehr gespannt auf diese Stadt. Vor Toro wird eine imposante präromanische Brücke (Puente Mayor) überquert, und dann beginnt der steile Aufstieg. Sobald wir auf der Plaza Mayor ankommen, zeigt sich die Sonne. Ein toller Empfang.

Toro hat keine Pilgerherberge, aber man kann im Kloster übernachten. Dafür sind wir aber zu früh und entscheiden uns für ein Hostal am Hauptplatz. Mittagessen, duschen, waschen, Siesta. Die übliche Pilger-Routine.
Nach der Siesta erwartet uns ein weiteres Highlight auf diesem Camino. Der Besuch der berühmten Kirche 'La Colegiata Santa María la Mayor' aus dem 12. Jh. im romanisch-gotischen Stil. Absolut sehenswert ist die 'Portada de la Majestad' (Westportal), ein Meisterwerk der gotischen Periode in Kastilien. Staunen und fotografieren.
Toro ist jedoch nicht nur wegen der berühmten Kirche und seiner imposanten Lage hoch über dem Río Duero bekannt. In den letzten Jahren ist Toro zur Trendregion in Bezug auf hervorragende Weine geworden. Die Toro Rotweine sind dunkel, fast schwarz, und schmecken vollmundig.

Am frühen Abend kommen die Franzosen, müde von einer überlangen Etappe, hier an. Wir treffen uns später noch auf ein Glas Toro Rotwein mit Tapas und unterhalten uns angeregt in 2 Sprachen (Französisch und Englisch).

Die beiden werden morgen 37 km bis Zamora durchgehen, während wir noch eine Übernachtung in Villalazán eingeplant haben.

36 Toro – Villalazán

Die zweitletzte Etappe vor Zamora. Beim Abstieg von Toro an die Ufer des Río Duero führt der Weg zuerst an der roten Wand vorbei. Beeindruckend. Die Strecke ist abwechslungsreich. Wir überqueren den Toro-Zamora-Kanal, die Bahnstrecke Medina del Campo – Zamora und dann auch noch die Eisenbrücke über den Río Duero. Anschliessend befinden wir uns in landwirtschaftlich intensiv bewirtschafteten Gegenden, in welchen Kartoffeln, Mais, Korn und Lattich angepflanzt ist. Mit uns unterwegs ist auch das Franzosen-Ehepaar. Gemeinsam setzen wir uns zu einem Picknick zusammen und verabschieden uns dann von ihnen. Da sie in Zamora keine Ruhetage eingeplant haben, werden wir sie womöglich nicht mehr sehen.

Der Weg verläuft danach über lange 6 km auf einer Landstrasse. Wir sind froh, um die Mittagszeit im Villalazán zu sein. Die Herberge ist in einer Mädchenschule untergebracht und wir dürfen uns in einem Kindergartenzimmer einquartieren. Ich benütze den freien Nachmittag, um meine Reisenotizen zu vervollständigen und es bleibt auch noch Zeit, den Text für mein nächstes Camino Mail an meine Freunde zu entwerfen.

37 Villalazán – Zamora

Wir müssen ohne Frühstück los. Es ist Samstag und die einzige Bar im Ort öffnet erst gegen Mittag. Ausgangs Dorfes, auf der Strasse, weisen zwei dicke Pfeile nach links auf einen Naturweg. Wir folgen ihnen, obwohl die Beschreibung im Führer sagt wir sollen der Carretera (Landstrasse) folgen.

Die Pfeile waren falsch und so sind wir 2 km zu viel gegangen. Also zurück auf die Carretera. Nach einer Weile führt der Weg durch ein urwaldähnliches Stück dem Río Duero entlang. Der Pfad ist fast zugewachsen, aber zeitweilig zeigt ein einsamer Pfeil, dass wir uns noch auf dem richtigen Weg befinden. Am Ende dieses Waldes folgt ein steiler Aufstieg und die Wegweiser (Pfeile) fehlen gänzlich. Wir gehen auf dem Weg in das nächste sichtbare Dorf für einen Kaffee. In Ermangelung von frischem Brot oder Gipfel gibt es nur ein mageres Frühstück. Zum Glück haben wir noch unser 'Lomo Bocadillo' von gestern.

Danach folgt ein äusserst schöner Teil dem Toro-Zamora-Kanal entlang. Ginster, Mohnblumen, Margeriten und Maisfelder umgeben uns. Am Mittag erreichen wir Zamora. Da der Weg zuletzt alles dem Río Duero entlangführte, können wir unsere Ankunft auf dem 'Puente Romano' (romanische Steinbrücke mit 16 Bögen) mit einem Selfie festhalten.

Es ist schön, wieder hier zu sein. Ein kurzer Aufstieg zur Plaza Mayor und dann eine Copita de Verdejo als Willkommens-Apéro.

Da wir 2 Nächte hier sein werden, übernachten wir in einem Hostal, welches ich schon seit Jahren kenne. Ein sehr herzlicher Empfang. Dann folgen Essen, Siesta und Stadtbummel. Als Luxus empfinden wir das Angebot der Hostal Betreiber, unsere Wäsche in der Maschine zu waschen. Wir nehmen dankend an. Am Abend trinken wir noch einen Manzanilla (Kamillentee) auf der Plaza Mayor.

Nun haben wir das Gefühl, wirklich angekommen zu sein. Ursula und ich haben mit Zamora eine grosse Teilstrecke unseres Caminos erreicht. Ruth hat hier ihr Ziel erreicht, und wird übermorgen zurückfliegen.

Lomo Bocadillo (Schnitzelbrot)

Vor einigen Jahren war ich mit meiner Schwester auf der Via de la Plata unterwegs. An einem Etappenort war ein grosses Dorffest im Gange. Im einzigen, total überfüllten Restaurant erhielten wir aber trotzdem ein frühes Nachtessen. Vorspeise: ein grosser Teller mit Pasta an Tomatensauce (Pasta ist für Spanien eine Rarität). Hauptgang: Pro Person 4 Schnitzel Lomo (bei uns sind das Schweineschnitzel vom Nierstück) mit Kartoffeln. Da auf der langen Etappe am Folgetag kein Ort und demzufolge auch keine Einkehr möglich sein würde, entschieden wir uns kurzentschlossen, mit 2 übrigen Schnitzeln pro Person Sandwiches zu machen und einzupacken. Ab diesem Tag war unser Lomo Bocadillo erfunden. Während all unseren Caminos erhalten wir immer wieder viel zu grosse Portionen und anstatt Food Waste zu unterstützen, essen wir es am Folgetag unterwegs. Es schmeckt immer sehr gut.

38 Ruhetag in Zamora

Ein wunderschöner Morgen erwartet uns. Frühstück im Café Teatro. Das Theater gegenüber ist endlich fertig restauriert, nachdem es von 2011 bis 2013 eine grosse Baustelle war.

Zamora ist eine überschaubare Stadt mit ca. 60'000 Einwohnern und liegt auf einer Höhe von 660 MüM. Aufgrund ihrer zahlreichen romanischen Kirchen wird sie auch Museum der Romanik genannt. Die romanische 'Catedral de San Salvador' (Kathedrale) stammt aus dem 12. Jahrhundert und sieht mit ihrem Kuppeldach aus Schindelimitationen einzigartig aus. Sie steht inmitten der Altstadt von Zamora, auf einer Anhöhe oberhalb des Río Duero.

In Zamora treffen zwei grosse Caminos de Santiago zusammen. Zum einen ist es die Via de la Plata, die von Sevilla über Salamanca und Zamora weiter nach Astorga führt, oder ab Granja de Moreruela westwärts via Puebla de Sanabria nach Santiago. Der weniger bekannte ist der Camino de Levante, derjenige den wir gegangen sind. Er führt von Valencia über Toledo, Ávila und Toro nach Zamora, und von dort über den Camino Sanabrés via Ourense nach Santiago de Compostela.

Wir benützen unseren Ruhetag, um einige Dinge zu erledigen. Zum Busbahnhof, um das Autobus Ticket für Ruths Fahrt morgen zum Flughafen Madrid zu kaufen. Ursula und ich werden unseren Camino morgen gegen Norden fortsetzen und wir benötigen noch etwas Proviant. Um die Mittagszeit gehen wir in ein Restaurant an der Plaza del Maestro, um auf der Terrasse etwas zu essen. Hier treffen wir auch Vicente, ein Pilger aus Malaga, den wir seit Toledo immer wieder getroffen haben.

Nach der Siesta holen wir in der Pilgerherberge den Stempel für unseren zweiten Credencial (Pilgerpass).

Nachher besichtigen wir die Kathedrale und gehen anschliessend zum Río Duero hinunter, um die antiken Ölmühlen zu fotografieren. Es folgt ein letzter Spaziergang zu dem kleinen Platz bei der Kirche San Cipriano, mit einer Super Sicht auf den Puente Romano und die unzähligen Storchennester rundherum. Der absolute Schlusspunkt ist ein Schlummertrunk auf der Terrasse des Paradores, wo wir diesen schönen Tag abrunden, und die pastellfarbene Abendstimmung über dem Río Duero geniessen.

Paradores ist eine staatliche spanische Hotelkette. Die meisten Paradores befinden sich in historisch bedeutsamen Orten und/oder Gebäuden. Meistens in traumhaft schönen Landschaften und bieten oft einen spektakulären Ausblick.

↑ Ciudad de las Artes y Ciencias /Orangenbäume ↓

↑ Ursula Austermann und Margrit Wipf ↑

Erster Pilgertag unseres Pilgerweges durch Spanien

↑ Mohnstrasse im Kornfeld/Blumenpracht unterwegs ↓

↑ Persischer Flieder / Knoblauchfelder ↓

↑ Toledo / Unterwegs in der Sierra de Gredos ↓

↑ Ávila mit Stadtmauer / Castillo de Coca ↓

↑ anspruchsvolle Wege / in Regenmontur ↓

↑ Toro, Blick auf die römische Brücke / Rote Felsen ↓

Ankunft in Zamora

TEIL ZWEI

ZAMORA - SANTIAGO

DE COMPOSTELA

Spanische Sprache mit 'Dialekten und Facetten'
In diesem Buch verwende ich immer wieder spanische
Ausdrücke. Seit meiner Jugendzeit interessieren mich
fremde Länder und Sprachen. Nach den ersten zwei
Fremdsprachen während der Schulzeit (Französisch und
Italienisch) und einem einjährigen Sprachaufenthalt im
Tessin, begann ich mit 18 Jahren Spanisch zu lernen. Zuerst
Privatlektionen. Später, auf meinen vielen Reisen in Länder
in denen spanisch gesprochen wird, habe ich meine
Sprachkenntnisse stetig erweitert.

In Restaurants und Bars in Spanien hat es heutzutage grosse
Bildschirme, die laufend die aktuellen Nachrichten zeigen.
Zudem liegen Zeitungen mit nationalen und lokalen
Informationen auf und so erweitert sich mein Wortschatz
laufend.

Ursula spricht diese Sprache auch fliessend. Sie verfügt
zudem über einen umfangreichen Wortschatz und auch über
exzellente Kenntnisse in spanischer Geschichte, Kultur und
Literatur.

Das macht es für uns zwei einfach, mit den Bewohnern in
Kontakt zu kommen und immer wieder Neues und
Interessantes zu erfahren. Auf einem Pilgerweg wie dem
Camino Francés kann man sich gut in Englisch unterhalten.
Auf Wegen wie dem Camino de Levante sollte man über
einigermassen gute Sprachkenntnisse verfügen. Man
verpasst sonst so Vieles.

Seit ich im Frühling jeweils 2 Monate in Spanien bin, gehe ich am Ende eines Caminos jeweils in die grosse Buchhandlung an der Rúa do Vilar in Santiago de Compostela und kaufe mir ein Buch in Spanisch. Entweder weiss ich schon genau welches Buch ich kaufen möchte, oder ich lasse mich inspirieren. Sehr lesenswert für Barcelona-Liebhaber finde ich z.B. 'La Catedral del Mar' von Ildefonso Falcones. Natürlich verstehe ich nicht immer jedes Wort, aber, wenn ich ein Buch in einer Fremdsprache lese, verstehe ich den Sinn des Textes. Erst wenn das Wort einige Male nacheinander erscheint, schaue ich im Diktionär oder in der Übersetzungs-App nach.

Die offizielle Landessprache in Spanien ist Castellano (Spanisch oder Kastilisch). Daneben existieren drei weitere Sprachen: Gallego (Galicisch), Catalán (Katalanisch) und Vasco (Baskisch), welche die Sprachen der Autonomen Gemeinschaften Galicien, Katalonien und Baskenland sind.

Bis Anfang der 1980er Jahre dominierte im öffentlichen Bereich eindeutig das 'Castellano' (Spanisch). Gebäude, Strassen, Hinweisschilder etc. waren ausschliesslich in Spanisch angeschrieben. Noch immer wird Castellano in ganz Spanien verstanden und gesprochen, aber es existiert heute in den oben erwähnten Autonomen Gemeinschaften praktisch ein Zustand der Zweisprachigkeit. So steht in Santiago de Compostela z.B. nicht mehr 'Plaza de Galicia' sondern 'Praza de Galicia'.

39 Zamora – Montamarta

Ruth ist heute Morgen abgereist und ist auf dem Rückflug nach Zürich. Ursula und ich machen uns wieder zu zweit auf den Weg.

Die beiden Etappen von Zamora nach Montamarta und Granja de Moreruela führen durch eine topfebene Landschaft, schnurgerade nach Norden. Die Gegend heisst 'Tierra del Pan' (Land des Brotes). Wie die Übersetzung verrät, wird in dieser Gegend hauptsächlich Getreide angebaut. Die Getreidefelder haben verschiedene Farbennuancen, von blassgelb bis beige, je nach Art des Getreides und auch nach dem Stand des Wachstums.

Bis nach Roales del Pan empfinde ich den Weg eher unspektakulär. Zur Aufmunterung sehen wir am Anfang von Roales in einem Garten grosse Fantasie Figuren von Pilgern. Auf alle Seiten sieht man den weiten Horizont, es hat keine Berge und Hügel und auf der erdigen Piste könnte man sich auf dem Mond glauben. Leider hat es nirgends Sitzgelegenheiten für eine Pause, sodass wir uns mit einem Steh-Trinkhalt begnügen müssen. Kurz vor Montamarta, unserem heutigen Etappenziel, überqueren wir zudem noch die AVE Trasse, die aber noch keine Gleise enthält. AVE ist der spanische Hochgeschwindigkeitszug, und in dieser Gegend wird für die Strecke von Madrid bis Galicien gebaut.

Weit vor uns geht ein einzelner Pilger, sonst sehen wir über 4 Std. niemanden. Der Camino ist sehr gut markiert.

Gegen die Mittagszeit sind wir schon in Montamarta, einem kleinen Etappenort. Die Pilgerherberge am Ortsrand von Montamarta, in welcher wir übernachten wollten, ist seit

Oktober 2013 geschlossen. Von einem Bauer auf seinem grossen Traktor erhalten wir die Auskunft, dass es im Dorf Übernachtungsmöglichkeiten gibt. Wir sollen uns im Super Mercado erkundigen. Dort erhalten wir den Tipp für eine Casa Rural in der Nähe.

Casa Rurales sind Land- oder Ferienhäuser. Diese Häuser werden Zimmerweise oder komplett vermietet. Teilweise wohnen die Besitzer mit privatem Bereich im Haus.

Die Casa Rural in Montamarta vermietet Zimmer für 40€ pro Doppelzimmer. Im oberen Stock hat es zudem einen Schlafsaal mit 8 Betten, für 15€ pro Bett. Da wir die ersten Pilger sind, entscheiden uns für 2 Betten im Schlafsaal. Zum Haus gehört ein grosser 'Patio' (Innenhof) mit Stühlen und Sonnenschirmen. Zum Mittagessen gehen wir ins Dorf und legen uns nachher zur Siesta hin.

Später treffen etliche Pilger hier ein. Ab heute werden wir mit einer grösseren Anzahl Pilger unterwegs sein, da die meisten Pilger die gleichen Etappenlängen wählen.

Wir sind die einzigen des Camino de Levante und wir kennen die anderen Pilger noch nicht. Später erfahren wir von ihnen, dass sie alle die Via de la Plata gelaufen sind.

Wenn man öfters in Pilgerherbergen übernachtet, entwickelt man schnell Präferenzen für die Lage des Bettes. Bald weiss man auch um die verschiedenen Gewohnheiten der diversen Nationalitäten. Deutsche und Schweizer mögen es, wenn es genug Luft hat, und demzufolge halten sie die Fenster offen. Südländer schliessen meistens alle Fenster und dann herrscht bald eine stickige Luft im Schlafsaal. Wenn immer möglich oder verfügbar, wähle ich ein unteres Bett an einer Wand oder an einem Fenster. Ich habe schnell kapiert, dass derjenige, der am Fenster schläft, die Kontrolle über die Luftqualität im Schlafsaal hat.

Pilger Begegnungen und Freundschaften
Aus eigener Erfahrung, aber auch von Erzählungen anderer Pilger, die ich im Laufe der vielen Jahre kennen gelernt habe, verläuft das Kennenlern-Schema meistens gleich. Am Anfang 'beschnuppern' (natürlich nicht wörtlich gemeint), dann kennen lernen, und dann zu einer 'Pilgerfamilie' zusammenwachsen. Pilgergruppen sind multinational und oft auch multilingual. Wenn man mehrere Sprachen spricht, ergeben sich viele interessante Gespräche.

40 Montamarta – Granja de Moreruela

Ich hatte mich gestern entschieden, mit dem 07.10 Uhr Bus bis nach Riego del Camino zu fahren und nur die restlichen 7 km zu laufen. Der Grund dazu: Gemäss den neuesten Informationen befindet sich auf diesem Weg Teil eine Grossbaustelle für die Autobahn A-66 (Autovia Ruta de la Plata von Sevilla an die Nordküste).

Eigentlich schade, denn nach Montamarta kann man zur linken, also im Westen, den grossen Stausee 'Embalse de Ricobayo' sehen. Auf einer detaillierten Karte der Provinz Zamora kann man sehen, dass dieser grosse und verästelte Stausee vom Río Esla gespiesen wird. Der 285 km lange Río Esla entspringt im Kantabrischen Gebirge und fliesst durch die Provinzen Léon und Zamora. Schließlich mündet er bei Muelas del Pan (ca. 30 km westlich von Zamora) in den Río Duero. In drei Tagen werden wir den Río Esla auf einer Brücke überqueren.

Ursula ist schon um 06.20 Uhr losgelaufen und ich stehe um 07 Uhr an der Carretera und warte auf den Bus. Dieser aber fährt 10 Min später einfach an mir vorbei. Da ich angenommen hatte, der Bus würde nicht einfach auf der stark befahrenen Carretera anhalten, stand ich bei einem Bushäuschen auf der falschen Strassenseite. Falsch gedacht. Zurück in die Casa Rural und nach einer anderen Transport-Möglichkeit fragen. Etwas später bin ich dann in Riego del Camino und laufe von hier los. Der Weg ab hier ist schön und gut beschildert. Ich muss nur den letzten Teil durch die Grossbaustelle gehen.

Granja de Moreruela ist ein kleiner Ort, der durch die stark befahrene Nationalstrasse N-630 getrennt ist. Möglicherweise wird sich der Verkehr später auf die Autobahn verlagern, aber nur, wenn diese Autobahn gebührenfrei befahren werden kann. Sonst werden die Lastwagen weiter auf der Nationalstrasse fahren und für das Dorf ändert sich nichts.

In Granja hatte es früher eine einfache Herberge mit 10 Betten und das hat immer wieder zu Platzproblemen geführt, da zu dieser Jahreszeit meistens ca. 30 Pilger auf denselben Etappen unterwegs sind. Jetzt existiert auf der anderen Seite der Carretera eine neue Herberge mit 20 Betten. Gut, sauber und mit schönen Sanitäranlagen. Im EG hat es 4 Stockbetten und im 1. Stock einen Raum mit 6 Etagenbetten und einen Aufenthaltsraum.

Da ich heute nur 7 km gegangen bin, setze ich mich in die Bar und schreibe etwas ausführlicher in meinem Reisetagebuch.

Als Ursula dann später eintrifft, erzählt sie mir, dass sie auf der Grossbaustelle der Autovia teilweise durch schlimmen Dreck gehen musste. Ja, solche Passagen gibt es auf den Caminos immer wieder und bisher haben wir auf diesem Camino wirklich Glück gehabt.

In den Pilgerherbergen bezieht man nach Ankunft sein Bett. Die Matratzen sind meistens mit einem Plastikbezug versehen und man legt seinen Schlafsack darauf. Das bedeutet dann, dass dieses Bett besetzt ist.

Nachdem Ursula ihr Bett bezogen hat, gehen wir essen.

Alle Pilger von gestern sind auch in der Herberge von Granja de Moreruela, aber im Gegensatz zu uns, essen sie vorwiegend am Abend.

Vorbereitung für die morgige Etappe. Diese Etappe kennen wir beide aus früheren Jahren. Ich bin sie im Herbst 2011 mit meiner Schwester gelaufen und Ursula kennt sie vom Frühling des Jahres 2009. Garnja de Moreruela bis Tábara ist 27 km lang und es hat, bis kurz vor Ankunft weder Wasserstellen noch Verpflegungsmöglichkeit. Also müssen wir genügend Getränke und etwas Verpflegung dabeihaben.

Essen & Trinken

Zu Anfang des Buches habe ich erzählt, dass wir, wenn immer möglich, zu Mittag essen, und wir uns daher vorwiegend für das Tagesmenu entscheiden.

In den meisten Restaurants gibt es auch 'Raciónes' (in der Schweiz heisst das à la Carte). Bei diesen Angeboten aus der Speisekarte wählt man die einzelnen Gerichte separat. Alles wird separat auf die Rechnung gesetzt, und zusätzlich wird in Spanien noch Gedeck, Brot, Wasser und Tapas verrechnet. Das kostet schnell über 20€, also meistens doppelt so viel wie das Tagesmenu. Raciónes haben aber auch Vorteile. Man kann sie teilen (compartir) und so verschiedene Speisen ausprobieren, statt sich für eine einzige entscheiden zu müssen.

An Ruhetagen lassen wir uns gerne von der Vielfalt und den Delikatessen der Regionen überraschen. Wir sind meistens im Frühling auf den Caminos unterwegs und ich habe vielmals das Gefühl, durch den Gemüsegarten von ganz Europa zu wandern. Erstaunlich, wie viel Gemüse angepflanzt wird. Die Spanier essen viel Fleisch und leider hat es selten Gemüse auf der Speisekarte. Wenn es dann aber einmal Verdura a la Plancha (gegrilltes Gemüse) oder z.B. gebratene Artischocken gibt, dann muss ich nicht lange überlegen. Neben Fleisch gibt es auch Fisch oder Meeresfrüchte. Ursula entscheidet sich öfters für das Fischmenu und meistens ist es Merluza (Seehecht). Ich habe mir nie Gedanken gemacht warum immer wieder Merluza auf dem Tagesmenu angeboten wird, bis ich eine TV-Sendung über die Fischerei an Spaniens Atlantikküsten gesehen habe. Die Hauptsaison für den Merluza-Fang ist im Frühling und dann sind wir auf den Caminos unterwegs.

41 Granja de Moreruela – Tábara

Nach einigen Nächten in Hostals muss ich mich jeweils wieder an die Übernachtung in einem Schlafraum gewöhnen. Die Nacht war demzufolge so-so-la-la.

Wir laufen um 06.20 Uhr los. Einfaches gehen auf schönen breiten Wegen. Die Landschaft hat sich gewaltig verändert. Grüne Sträucher und Steineichen soweit das Auge blicken kann. Vorbei ist die eintönige flache Meseta.

Ab heute gehen wir wieder westwärts und die Sonne ist während des ganzen Morgens in unserem Rücken. Es herrscht eine angenehme Temperatur und die Bezeichnungen auf den Wegen sind gut. Nach ca. 2 Std. erreichen wir den Río Esla im gleichnamigen Tal.

In Pilgerführer steht, dass der Originalweg direkt nach der Brücke links abzweigt. Von weitem sieht man aber nur eine Felswand. Wo soll da ein Weg sein? Aber, nach der imposanten Granit-Brücke weisen die Pfeile tatsächlich durch die Felsen hindurch auf einen abenteuerlichen Pfad zum Flussufer hin. Wildromantisch! Bald folgt ein steiler Aufstieg aus der Schlucht auf eine Anhöhe. Ein idealer Rastplatz, um den Flussverlauf ausführlicher zu bestaunen und zu fotografieren. Man könnte stundenlang hier sitzen und einfach nur dem Dahinziehen des Flusses zuschauen. Dieses Gebiet ist ausserdem dafür bekannt, dass im Herbst grosse Vogelzüge auf dem Weg nach Süden hier durchfliegen.

Nach der Pause führt der Weg im Zick-zack durch Steineichenwälder, vorbei an einer einsamen Finca mit einem imposanten Eingang und fällt dann langsam von der Anhöhe in die Ebene hinab. Schon von weitem kann man den Weg sehen, wie er schnurgerade auf Faramontanos de Tábara zuführt.

In einiger Entfernung vor uns laufen andere Pilger. Plötzlich sehen wir, wie sie mit ihren schweren Rucksäcken rennen. Der Grund ist eine grosse Sprinkleranlage, welche die umliegenden Felder bewässert. Ah, das werden wir uns genau anschauen müssen. Denn obwohl es schon heiss ist, haben wir keine Lust auf eine Dusche.

Bei solchen Anlagen kommt meine praktische Veranlagung zum Zug. Diese Sprinkler müssen doch einem klaren Schema folgen und sich im eingestellten Rhythmus bewegen. Aber das tun sie nicht immer. Ich warte dann ab, bis der Wasserstrahl vorbei ist, und denke, dass ich jetzt einfach schneller laufen müsste. Meistens funktioniert es, aber es gibt auch Sprinkler mit variablem Rhythmus, bei denen jeweils im kritischen Moment der Wasserstrahl seine Richtung ändert. Heute haben wir Glück und wir kommen ohne Dusche durch.

In Faramontanos de Tábara hat es eine kleine Bar, die zeitweise geöffnet ist und auch hier haben wir Glück. Ein kurzer Aufenthalt, ein Getränk und etwas Kleines zu essen. Dann geht's weiter. Auf dem nächsten Streckenabschnitt kann man die enormen Geländeverschiebungen infolge der Arbeiten an der AVE Bahnstrecke gut sehen.

In Tábara werden wir erwartet. Als ich im Frühling 2011 meinen ehrenamtlichen Einsatz in der Pilgerherberge von Zamora geleistet habe, hat mich Carlos, ein Hospitalero Voluntario aus Zamora, jeden Tag während der strengsten Zeit unterstützt. Heute ist er in der Gegend und erwartet uns in der Bar des Hostals zu einem Getränk und Tapas. Es ist schön, wenn man sich in der Ferne spontan mit Freunden treffen kann.

42 Tábara – Santa Croya de Tera

Beim Frühstück hat ein Spanier zwei Pilgerinnen die heutige Streckenführung erklärt. Wir hören nur so halb hin.

Unterwegs weist ein, mit grüner Farbe übermalter, Pfeil plötzlich nach links. Für uns eigentlich in die falsche Richtung. Wir zwei sind die ersten im Pilger Konvoi (zwei Spanierinnen und drei Holländer) und sind unschlüssig, welchen Pfeilen wir folgen sollen. Wir warten auf die zwei Spanierinnen und entschliessen uns dann, dem grünen Pfeil zu folgen. Zuerst über die hohe AVE-Brücke und danach den Hügel hinauf. Hier kann ich mich wieder an die Wegführung vom Jahr 2011 erinnern. Der Weg schlängelt sich langsam auf einen Hügelzug hinauf. Wir befinden uns in einer ursprünglichen Baum- und Buschlandschaft. Ich drehe mich öfters um und schaue die zurückgelegte Wegstrecke an. Schöne Ausblicke und schön zu gehen. Der Hügelzug trennt das breite Tal von Tábara von der 'Tierra del Tera' (Land des Flusses Tera).

Nach knappen 3 Stunden kommen wir an eine Weggabelung. Beide Wege sind mit dem Camino de Santiago Zeichen markiert. Wir laufen geradeaus, denn ich erinnere mich, dass auf dem Weg eine Bar war. Und so ist es auch heute noch. Gemütlich in der Sonne sitzen und einen Kaffee trinken, für Ursula und mich gehört das einfach zum Pilgern dazu. Anschliessend ist die Wegführung anders als im Jahr 2011, aber viel schöner. Jemand hat sich grosse Mühe gegeben, uns Pilger von der kleinen Nebenstrasse auf einen schönen Naturweg zu leiten. Danke!

In Santa Croya de Tera befindet sich die private Herberge, 'Casa Anita'. Eine schöne Anlage mit einem blumenreichen Garten und ausserordentlich freundlicher Begrüssung. Alles ist sauber, gutes Essen und gemütliches Zusammensein mit den anderen Pilgern.

In der Nachbargemeinde Santa Marta de Tera befindet sich eine romanische Kirche aus dem 13. Jh. mit der ältesten bekannten Jakobus Darstellung als Pilger (Santiago Peregrino).

Weil die morgige Etappe für uns wieder sehr lang sein wird, gehen wir am späten Nachmittag nach Santa Marta de Tera, um die Kirche und die Santiago-Figur zu besichtigen. Zwar haben Ursula und ich die Kirche in früheren Jahren schon angeschaut, aber auf einem Camino sind solche andächtigen Momente einfach ein Muss.

43 Santa Croya de Tera – Ríonegro

Eine traumhaft schöne Etappe führt durch eine wilde Naturlandschaft dem Río Tera entlang. Viele Teile der Strecke kenne ich nicht mehr. Wo früher Pfade durchs Dickicht führten, sind heute gepflegte Wege mit sehr guter Bezeichnung vorhanden. Dann folgt der Aufstieg zu der grossen Staumauer und wir erreichen den langgezogenen Stausee Embalse de Nuestra Señora de Agavanzal. Der Camino führt am rechtem Ufer entlang.

An diesen Wegabschnitt habe ich lebhafte Erinnerungen. Normalerweise bin ich im Frühling auf den Caminos de Santiago unterwegs. Im Jahr 2011 aber, bin ich die 1. Hälfte der Via de la Plata im Frühling gelaufen und die 2. Hälfte im gleichen Jahr im September. Es war ein heisser Herbst. An diesem See hat es verschiedene Badestellen und das Wasser lockte verführerisch. Ich hätte mich damals so gerne im erfrischenden Wasser abgekühlt, aber meine Schwester und eine Bekannte waren schon weit voraus. Da beide ohne Mobiltelefon unterwegs waren, musste ich leider auch weitergehen. Sollte ich wieder einmal im September hier unterwegs sein, würde ich meine Badewünsche vorher anmelden!

Nach der Passage am See ähnelt die Gegend einer Savanne. Es gefällt mir sehr gut. Auch kommen wir zügig voran. Das Wetter ist schön, und die teils stürmischen Winde verschaffen uns eine angenehme Temperatur. Aber ich spüre leichte Schmerzen in meinem linken Fuss!! Das sind die Auswirkungen der letzten Tage mit langen Etappen und zu schnellem Tempo. Ich muss besser auf mich aufpassen. Während des Weitergehens entscheide ich mich, morgen den grösseren Teil der Strecke mit dem Bus zu fahren, um meinen Fuss in den Anfängen einer möglichen Tendinitis zu schonen.

In der Zwischenzeit sind wir Teil eines Camino Sanabrés Pilger-Grüppchen geworden. Nach ca. 30 km kommen wir gegen 15 Uhr in Ríonegro del Puente an. Wir beziehen unsere Betten im oberen Stock der grosszügigen Herberge und gehen anschliessend zum Mittagessen. Nachher duschen, waschen, Siesta.
Die morgige Etappe wäre wieder 30 km lang und so bestelle ich, in Ermangelung einer Busverbindung, einen Transport für die ersten 20 km. Die drei Holländer möchten auch mitfahren, da ihnen in ihrer Etappenplanung ein Tag fehlt.

Tendinitis resp. Sehnen-Entzündungen: Viele Pilger leiden darunter. Bei der Tendinitis besteht eine akute Reizung der Sehne wegen Überbelastung. Lange Etappen, eine schnelle Gangart, zu wenig Training oder wenig resp. keine Ruhetage führen immer wieder zu diesen lästigen Schmerzen. Behandlungen durch Ruhe, Entlastung und entzündungshemmende Maßnahmen helfen in der Regel. Wenn man den Schmerz jedoch ignoriert, kann es passieren, dass man bald gar nicht mehr laufen kann und eine Woche pausieren muss. Kein Pilger will das. Also gilt es frühzeitig einen Gang runter schalten und eventuell entzündungshemmende Medikamente zu schlucken.

44 Ríonegro del Puente – Palacios de Sanabria

Während der Nacht hat es sehr stark geregnet aber um 6 Uhr hört der Regen auf. Ursula entscheidet sich, die 30 km bis Palacios de Sanabria zu gehen.

Die drei Holländer und ich essen in der Bar von Ríonegro unser Frühstück. Anschliessend fährt uns der Besitzer der Bar nach Asturianos, wie gestern Abend abgemacht.

Dunkle Wolken hängen am Himmel über Asturianos, einem kleinen Ort am Weg. Die drei Holländer (Cornelius und ein befreundetes Ehepaar) und ich ziehen die Regen-Montur an. Die Wege führen durch Grasland und sind jetzt nass und matschig. Die Natur hat sich wieder geändert. In der Zwischenzeit hat es vermehrt Obstbäume, Äpfel und Birnen und neu auch grosse Kastanienbäume. Nach einer knappen Stunde erreichen wir den kleinen Weiler Palacios de Sanabria, den Etappenort für Ursula und mich. Die drei Holländer laufen heute weiter bis nach Puebla de Sanabria.

Da es noch Stunden dauern kann bis Ursula kommt, gehe ich zuerst mal in unsere reservierte Unterkunft. Es ist ein Privathaus, in welchem die Besitzerin Herberge und Doppelzimmer anbietet. Zwischendurch scheint die Sonne und ich ergreife die Gelegenheit, meine lange Hose zu waschen und nach draussen zu hängen. Da es eher kühl ist, verziehe ich mich danach in unser Zimmer und lese in meinem Reisetagebuch. Bald schlafe ich ein. Sind das die Auswirkungen der entzündungshemmenden Medikamente? Später stehe ich auf, gehe zur Bar und warte auf Ursula. Gegen 15 Uhr ist sie da und wir geniessen ein einfaches, aber deftiges Mittagessen.

45 Palacios de Sanabria – Puebla de Sanabria

Während der Nacht hatte ich einen schönen Sternenhimmel gesehen, aber am Morgen ist es wieder grau. Wir haben das Frühstück auf 8 Uhr bestellt, da es bis nach Puebla de Sanabria nur 11 km sind. Wir starten in Fleece- und Goretex-Jacke, können jedoch bald eine der Jacken ausziehen. Es sind schöne Wege durch Mischwälder und vorbei an verlassenen Dörfern mit Steinhäusern, die zu Ruinen verkommen. Eigentlich schade, wenn man bedenkt, wie viel Arbeit, Zeit und Mühe die ehemaligen Besitzer in den Bau dieser soliden Häuser investiert hatten. Wir kommen auch durch den Ort Otero de Sanabria. Über dem Kirchenportal befindet sich ein sehenswertes Relief eines Fegefeuers.

Seit wir im Tal des Río Tera sind, laufen wir wieder in direkter Linie von Osten nach Westen. Im Süden befindet sich der grosse verästelte Stausee 'Embalse de Cernadilla' und nur wenige Kilometer südlich befindet sich die spanisch / portugiesische Grenze.

Puebla de Sanabria liegt etwas erhöht über dem Tal. Es ist eine Kleinstadt mit einem pittoresken Ortskern. Zum einen ist da die schöne romanische Kirche aus dem 12. Jh. 'Nuestra Señora del Azogue' mit dem sehenswerten Hauptportal und zum anderen thront da die imposante Burg über dem Tal. Durch die Lage und die Sehenswürdigkeiten hat es in Puebla de Sanabria viele Touristen. Die Unterkunftspreise sind also leicht gehoben.

Um die Mittagszeit sind wir da und machen wir uns auf die Suche nach einem Hostal im Oberdorf. Der Ort ist wie ausgestorben. Klar doch, es ist ja Sonntag und zudem hat die Saison noch nicht begonnen. Das erste Hostal ist geschlossen und das zweite in Renovation. Auf der Suche nach einer

Unterkunft kommen wir zu einem Hotel, welches seit Tábara durch aufdringliche Werbetafeln auf sich aufmerksam gemacht hat. Nicht unbedingt unser Favorit, aber in Ermangelung einer Alternative erkundigen wir uns nach einem Zimmer. Alles bestens, komfortables Zimmer, gute Lage und der Preis ist auch ok. Wir beziehen unser Zimmer und gehen einkaufen, solange die Geschäfte noch geöffnet sind.

Während der nächsten Tage werden wir wieder mehrheitlich in Gebieten ohne grosse Ortschaften unterwegs sein. Nach dem Einkauf ist es auch schon Zeit zum Mittagessen. Es ist gar nicht einfach ein Restaurant zu finden, in dem mehr als nur Tapas angeboten werden. Aber wir werden fündig. Mesón Abelardo, ein typisches Restaurant, ist perfekt für uns. Wir erhalten einen der letzten freien Tische und geniessen ein sehr gutes Essen. Meine Vorspeise ist köstlich 'Revuelto de Ajetes' (Rührei mit Jung- oder Sommerknoblauch). Als Hauptgang bestelle ich 'Albóndigas caseras' (Fleischklösschen nach Hausrezept). Das ist eine meiner Lieblingsspeisen in Spanien, aber nur wenn sie gut zubereitet sind. In all den Jahren habe ich mich zur Kennerin dieses Gerichts gemausert. Zuhause habe ich ein sehr gutes spanisches Rezept für Albóndigas, und koche sie immer wieder mal.

Nach der Siesta machen wir noch einen Dorfrundgang. Die Gassen des Ortskerns sind denkmalgeschützt und geprägt von zweigeschossigen Steinhäusern mit pittoresken und blumenbehangenen Balkonen.

46 Puebla de Sanabria – Lubián

Das Frühstück ist gut und zudem wird jedem Pilger noch ein Lunchpaket mit Bocadillo und einer Frucht mitgegeben. Die Etappe führt über den Padornelo Pass (1'360MüM). Damit überschreiten wir den höchsten Punkt auf dem gesamten Camino de Levante. Durch die Bauarbeiten an der AVE Strecke ist die ursprüngliche, aber auch anstrengende, Strecke noch schwieriger geworden. Als Alternative wird der Weg über die alte Passstrasse geleitet. Obwohl wir nicht unbedingt Freunde von Strassen Strecken sind, entscheiden wir uns für diese Variante. Das Tal von Sanabria verengt sich zunehmend und auf beiden Seiten hat es jetzt hohe Berge. Wir gehen von Requejo aus. Der Weg ist sehr schön und zieht sich durch verwunschene Wälder dahin. Zuerst eben dann langsam steigend. Irgendwann kommen wir auf die alte Passstrasse und folgen nun dieser Alternative. Nach der Passhöhe geht es weiter auf der Strasse.

Im Herbst 2011 zweigte der Weg irgendwann von der Strasse ab und folgte einem alten Wegverlauf. Sehr schöne Pfade, teils einem Wasserkanal entlang, aber auch steinig und eher schwierig zu gehen. Am Weg passierte man den kleinen Weiler Aciberos mit einigen Steinhäusern und einer alten Wassermühle aus dem 15. Jh.

Heute, im Frühling 2014, ist dieser Weg leider nicht mehr begehbar. Markante orange Tafel weisen auf eine 'Deviation' (Umleitung) hin. Zudem ist es verboten dem ursprünglichen Weg zu folgen, da immer noch Sprengarbeiten für den AVE im Gange sind.

Wir müssen demzufolge auf einem neuen Strassen Abschnitt gehen, der auf beiden Seiten durch meterhohe Lehmwände begrenzt ist. Ich mache natürlich einige Fotos von den Baustellen, um einen Vergleich von heute zu den Bildern des Jahres 2011 zu haben.

Ursula findet die Wegführung zu Beginn hässlich, aber da sich die Carretera weit ins Tal hineinzieht, hat es auch sein Schönes. Ich geniesse den Weg trotzdem, da er sich leicht gehen lässt. Wir sind, zusammen mit Luis, die ersten Pilger, die in Lubián ankommen. Die Herberge ist ein kleineres Steinhaus und befindet sich im unteren Teil des Dorfes. Wir beziehen unsere Betten und gehen wieder nach draussen. Wir können uns beide noch daran erinnern, dass es im Oberdorf, an der Strasse, eine Bar gibt, in der man essen kann. Also gehen wir dorthin zum Mittagessen.
Wie wir zurückkommen, sind viele Pilger eingetroffen und gegen 16 Uhr ist die Herberge bis auf den letzten Platz belegt.

Nach der Siesta laufen Ursula und ich den Originalweg in Gegenrichtung zurück, da wir wissen wollen, wie viel von dem ursprünglichen und äusserst schönen Pfad durch die üppig grüne Landschaft noch begehbar ist. Irgendwann kehren wir um, da wir keine Schilder mehr sehen, die auf eventuelle Sprengungen hinweisen.

Ich hoffe, dass ich in einigen Jahren diesen Weg wieder einmal auf der Original Route gehen kann.

47 Lubián – A Gudiña

Ein wunderschöner Morgen lässt Vorfreude auf die heutige Etappe aufkommen. Die Italiener und Spanier sind schon um 6 Uhr losgegangen. Wir essen unser improvisiertes Frühstück (ein Joghurt und eine Banane) und laufen etwas später auch los. Heute warten drei Höhepunkte auf uns. Zuerst die Überschreitung des A Canda-Passes (1'260 MüM), der in meiner Erinnerung einfach traumhaft schön ist und zum zweiten, betreten wir heute die autonome Region Galicien (nicht zu verwechseln mit Galizien, das in Polen liegt). Zum dritten erreichen wir heute die 1'000 km Marke.

Aber zuerst wieder zum Weg. Zuerst steigen wir ins Tal hinab bis zum Santuario de la Tuiza, welches der 'Virgen de las Nieves' (Schneejungfrau) gewidmet ist. Danach beginnt der Aufstieg auf einem schönen Naturpfad zum A Canda-Pass. Dieses Stück habe ich in sehr guter Erinnerung, doch heute ist es noch viel schöner, da der Weg gänzlich von blühenden Ginster- und Erika Büschen gesäumt ist. In zwei Stunden sind wir oben und mit dem Erreichen des A Canda Passes betreten wir nun Galicien.

Der erste Camino de Santiago Wegstein in Galicien steht auf dem A Canda-Pass und weist uns den Weiterweg. Diese speziellen Wegzeichen sind aus Sandstein von einem galicischen Künstler erschaffen worden. Sie werden uns bis nach Santiago begleiten.

So schön wie der Aufstieg ist auch der weitere Weg. Das Wetter ist schön und mild, die Blumen und Büsche leuchten in den intensivsten Farben um die Wette. Es ist ein gemütliches Pilgern in einer grandiosen Landschaft.

Im kleinen Dorf Vilavella existiert neu eine Bar unten im Tal und da genehmigen wir uns den ersten Kaffee des Tages. Weiter geht es auf hübschen Feldwegen und über Steinbrücken und Hügel stetig bergab. Heute fühle ich mich in Topform. Beim kleinen Dorf Pereira erreichen wir die 1'000 km Wegmarke. Dieser Höhepunkt gilt nur für Ursula und mich, da wir zurzeit die einzigen Pilger*innen sind, die den Camino de Levante gelaufen sind. So weit sind wir beide noch nie an einem Stück gegangen. Antoine (ein junger Franzose) ist in der Nähe und fotografiert uns.

Knapp 25 km nach dem Start erreichen wir die Herberge. Vor uns sind nur die jüngeren Pilger angekommen. Für unser Alter ist das eine bemerkenswerte Leistung. Dann folgt für uns das übliche Prozedere. Essen, duschen, waschen, Siesta, Reisetagebuch schreiben, Einkäufe erledigen, im Dorf herumschlendern und den Weganfang für morgen auskundschaften.

Galicien

Prägend für Galicien sind neben den hohen Bergketten die äusserst grüne Landschaft, die mich an unsere Voralpen-Regionen erinnert. Wenn man in Reiseführern über Galicien liest, heisst es immer, dass dort sehr viel Regen fällt. Bis auf die Tage im Jahr 2010 wurde ich immer mit schönem und warmen Wetter verwöhnt. Auf den meisten Caminos de Santiago kommt man über die Berge nach Galicien. Diese Bergüberschreitungen vermitteln mir ein Gefühl der Freude und Erleichterung, dass ich es bis hierher aus eigener Kraft geschafft habe. Dazu kommt die Vorfreude auf das nahe Ziel der Pilgerschaft in Santiago de Compostela.

Galicien und die Schweiz

Galicien und ich, wir haben eine spezielle Verbindung. Im Jahr 2010, als ich vom Küstenweg kommend durch den Norden von Galicien gegangen bin, habe ich in einem abgelegenen Ort eine Gastfreundschaft erfahren, die mit meiner Nationalität zu tun hatte. Ich war mit zwei deutschen Pilgern unterwegs. Das Wetter war regnerisch und kalt und an diesem Etappenort hatte es ausser der Pilgerherberge kein Restaurant und auch keinen Laden. Die Herberge hatte aber eine grosse und gut eingerichtete Küche und ich beschloss, für meine zwei Mitpilger und für mich ein typisch galicisches Gericht zu kochen. Ein 'Caldo Gallego' (Eintopf mit Fleischbrühe, Kartoffeln, Wurst und Berzas). Berzas sind grüne Kohlblätter, die man in Galicien in allen Gärten sieht.

Also gingen wir zu einem Bauernhof in der Nähe, um Zutaten für unser Essen zu kaufen.

Als wir uns näherten kam der Besitzer heraus. Er stand breitbeinig in ablehnender Haltung da und fragte, was wir wollten. Ich erklärte ihm, dass ich ein Caldo Gallego kochen wolle und die Zutaten bei ihm kaufen möchte. Seine brüske Antwort: Wir haben nichts!

Aber so schnell wird man mich nicht los. Ich fragte ihn deshalb, wo ich einige Kartoffeln und Berzablätter kaufen könnte. Wohl aus purer Neugier fragte er mich. Von woher kommst du? Ich: 'Suíza'. Wie wenn in diesem Moment die Sonne aufgegangen wäre! Er: ‚Suíza, oh, was für ein schönes Land! Mein Bruder wohnt seit Jahren in der Schweiz. Ihr seid sehr gut zu unseren Leuten. In jedem Ort in Galicien wohnt mindestens einer, der schon einmal in eurem Land gearbeitet hat‘.

Ich war perplex, für mich war das neu. Unnötig zu sagen, dass ich ab diesem Moment alles haben konnte, was ich für den Caldo benötigte, inkl. Knochenbein für eine gute Brühe. Dazu gab er uns auch noch Eier für eine Tortilla. Geld wollte er keines, aber in weiser Voraussicht hatte ich genügend kleinere Geldscheine eingepackt und steckte sie ihm kurzerhand in seine Hemdtasche.

Gemäss meinen Recherchen sind in den 60/70er Jahren viele Gallegos in die Schweiz emigriert, weil sie in ihrem Land zu wenig Verdienstmöglichkeiten fanden. Viele sind nach der Pensionierung in ihr Dorf zurückgekehrt. Viele leben aber immer noch bei uns oder haben noch Familienangehörige in der Schweiz. Seit dieser Begegnung komme ich immer wieder gerne nach Galicien.

48 A Gudiña – Campobecceros (Laza)

Die Wetterprognose sagt für die kommenden Tage heisses Wetter voraus und deshalb gehen wir am Morgen wieder früh los. Auf die heutige Etappe freue ich mich schon lange. Bei schönem Wetter ist es eine Traumstrecke. Es geht sich leicht und die Ausblicke von der Höhe in die umliegenden Täler und in die entfernt aufragenden Hügelzüge lassen mich immer wieder verweilen. Einfach schön!

Obwohl es geheissen hat, der Camino sei durch die Bauarbeiten an der AVE-Strecke nicht gross beeinträchtigt, spürt man es doch. Früher fuhr auf dieser Panoramastrecke höchstens mal ein Auto vorbei. Heute hat es viel Verkehr. In jedem Auto sitzen 1 bis 4 Bauarbeiter in ihren grünen oder gelben Uniformen.

Der Weg zieht sich hoch dem grossen Stausee 'Embalse das Portas' entlang. Solch schöne Panoramastrecken mag ich wirklich. Im Norden, auf der anderen Seite des Stausees, sieht man Berge. Wenn ich auf Google Earth nachschaue, dann sehe ich, dass es sich um die Berge des 'Parque Natural do Invernadeiro' (Naturalpark) handelt.

Vor Campobecceros geht es noch über einen Hügel mit steilem Abstieg, und dann der SCHOCK!! Eine Riesenbaustelle mit einem 2-Röhren-Tunnel für den AVE. Ich kann ja die Galicier verstehen, dass sie endlich mit modernen Mittel an den Rest von Spanien und die Hauptstadt Madrid angeschlossen sein wollen. Ich verstehe aber auch die Naturschützer, die solche Einschnitte in die Natur nicht wollen. Schwierig.

Um die Mittagszeit (nach 21 km und mit 29° Hitze) erreichen wir die Casa Nuñez am Dorfrand von Campobeccerros.

Im Jahr 2011 konnte man sich da gemütlich auf die Terrasse setzen, um den grossen Durst zu stillen und sich dann um die Zimmer kümmern. Nun ist aus der Terrasse ein Wintergarten geworden und heute ist bereits für 40 Personen aufgedeckt. Wir löschen unseren Durst mit einem Aquarius.

Im Pilgerführer steht, dass die Strecke nach Laza (weitere 11 km) zur Hälfte durch Zugangsstrassen und Transporte zur Grossbaustelle beeinträchtigt ist. Es steht auch, dass durch die vielen Arbeiter keine Übernachtungsmöglichkeiten in Campobecceros zur Verfügung stehen. Wir hatten uns demzufolge schon im vornherein gegen die 33 km-Etappe entschieden und Plätze in einem Transporter reserviert.

Die vorher so schöne Strecke auf einer kleinen Naturstrasse ist jetzt zu einer Zufahrtspiste geworden, auf der die grossen Laster unaufhörlich hin und her fahren. Wir sind heilfroh, dass wir das nicht laufen müssen. In Laza übernachten wir in der modernen, schön gelegenen Pilgerherberge. Laza ist ein kleiner Ort auf 482 MüM, mit knapp 400 EW. Während der Pilger Hauptsaison übernachten hier täglich gegen 30 Pilger. Im Ort selbst befindet sich ein Restaurant, welches auf die Bedürfnisse der Pilger*innen eingeht. So gibt es mittags und abends Tagesmenues, und für das Frühstück öffnen die Besitzer ihr Restaurant bereits um 06.30 Uhr.

Nach und nach treffen auch die Pilger ein, welche den ganzen Weg gegangen sind. Ihre Berichte tönen nicht begeisternd.

49 Laza – Vilar do Bario

Nach ruhiger Nacht stehen wir um 06.00 Uhr auf. Zuerst gehen wir zum Frühstück und danach ziehen wir los.

Es ist einfach schön. Zwar ist es noch kühl, aber nach der ersten Steigung kann ich bereits meine Jacke ausziehen. Die zweite Steigung ist viel weniger steil als in meiner Erinnerung. Nach drei Stunden sind wir bereits bei Luis und trinken einen Kaffee. Luis ist ein ehemaliger Pilger, der sein Haus in Alberguería zu einem Pilgertreff ausgebaut hat. Dazu kann man sich da eine Muschel kaufen und mit Namen und Datum versehen. Luis wird sie akribisch in ein grosses Buch eintragen und dann in einem der Räume aufhängen. Wenn man nach Jahren wieder hierherkommt, kann er einem genau sagen wo die eigene Muschel hängt. Wie viele mögen es in der Zwischenzeit wohl sein? Es ist wohl klar, dass auch wir wieder eine Muschel personalisieren.

Nach einer halben Stunde laufen wir weiter. Gegen Mittag sind wir bereits in Vilar do Bario, obwohl es wieder eine 22 km Etappe war, die über einige Hügelzüge führte.

Ab 12.30 Uhr öffnet die Herberge und wir können unsere Betten beziehen. Nachher setzen wir uns auf die kleine Plaza und trinken noch ein Wasser. Nach und nach kommen einige Pilger vorbei, bleiben hier oder entscheiden sich, trotz Hitze weiterzugehen.

Auf allen Caminos hat es immer wieder Pilger, die ihre Pilgerfahrt sehr knapp einplanen und sich demzufolge keine halben Etappen 'leisten' können.

Cornelius (Holland) ist allein eingetroffen, da seine Freunde den Camino in Laza wegen einer akuten Entzündung abbrechen mussten. Er wird auch hier übernachten und jetzt schliesst er sich uns zum Mittagessen an.

Bei mir macht sich eine leichte Erkältung bemerkbar. Laufende Nase und leichtes Halsweh. Nach der Siesta gehen wir kurz in die Tienda, um einzukaufen. Dann setzen wir uns auf die hübsche Plaza und schauen dem Treiben zu. In Spanien sind Orte und Städte zur Siesta-Zeit wie ausgestorben. Nach 17 Uhr kommen die Leute aber jeweils von allen Seiten auf die Plaza. Die Erwachsenen treffen sich zu einem Getränk oder einem Eis und die Kinder tollen auf dem Platz herum. Im Gegensatz zu unseren nördlichen Ländern geniesst man hier diese Zeit draussen sehr.

50 Vilar do Bario – Xunqueira de Ambía

Es ist Vollmond und es steht ein weiterer Hitzetag bevor. Es gibt ein Albergue Frühstück, das heisst, Joghurt, Automaten-Kaffee und einem Gummibrötchen. Der Mond hängt noch am Himmel, als wir zu dritt losgehen. Cornelius hat uns gestern Abend gefragt, ob er mit uns laufen dürfe. Das sind jeweils schwierige Entscheidungen, da sich nicht alle Pilger, die man unterwegs trifft, als gute Weggefährten eignen. Cornelius kennen wir jedoch bereits seit 2 Wochen und wir finden seine Art sehr angenehm. Die heutige Strecke ist mit 13 km kurz und auch leicht zu gehen. Wir durchqueren immer wieder kleine Dörfer oder Streusiedlungen, die meist verlassen wirken. In jedem Dorf stehen Hórreos (Getreidespeicher, die auf Granit-Stützen stehen). Wir kennen sie aus den vielen Jahren unterwegs auf den Caminos durch Galicien.

Beim letzten Dorf vor dem Felsübergang frage ich einen Mann, ob sich hier in der Nähe ein Café befindet. Er weist auf die nahe Carretera hin, dort gebe es eine Bar. Da wir früh unterwegs sind und auch trödeln können, gehen wir den Umweg. Für einen guten Café Solo (für mich) oder einen Café con Leche (für Ursula) gehen wir gerne zwei zusätzlich Kilometer. Oh, fast vergessen. Cornelius geht ja jetzt auch mit uns und auch er trinkt einen Café con Leche. Übrigens, der Kaffee ist wirklich gut!

Nachher laufen wir wieder zurück auf den Weg und gehen hinauf zu dem pittoresken Felsübergang, an den sich alle auf diesem Weg gerne erinnern. Alle Pilger*innen fotografieren das Wegstück vor der Felsenformation.

Da wir schon um 10 Uhr oben sind, setzen uns auf die Steinbank und geniessen die schöne Aussicht in die weite Umgebung.

Bald kommen 2 Biker vorbei, die in Villacañas (in der Nähe von Toledo) gestartet sind, und heute noch bis nach Ourense fahren. Morgen Sonntag wollen sie Santiago erreichen. Sie sind jung und gut trainiert, und werden diese restlichen 100 km locker schaffen.

Nach der Pause gehen wir weiter und erreichen gegen Mittag die Herberge von Xunqueira de Ambía. Das Haus liegt etwas ausserhalb des Ortes und es ist nicht sehr sauber. Ich hätte gerne in einer schönen Casa Rural übernachtet, die ich vom Herbst 2011 kenne. Aber Ursula hatte sich schon im Voraus für die Herberge entschieden und als Pilger-Team muss man auch Kompromisse eingehen können.

Zum Mittagessen gehen wir ins Dorf. Danach zurück und Siesta. Am späten Nachmittag gehen wir nochmals ins Dorf zurück und besichtigen die Kirche des ehemaligen Klosters Colegiata de Santa María de Xunqueira de Ambía aus dem 12. Jh. mit dem sehenswerten Kreuzgang.
Nach der Besichtigung setzen wir uns noch ein wenig auf die Plaza.

51 Xunqueira de Ambía – Ourense

Am frühen Morgen ist es neblig, eine ganz neue Erfahrung für uns. Die heutige Etappe ist fast gänzlich auf Asphalt. Einige Sequenzen sind mir in Erinnerung geblieben, andere weniger. Es dauert gute 2 Stunden bis wir eine geöffnete Bar für einen Kaffee finden. Wegen der angekündigten Hitze gönnen wir uns keine langen Pausen und laufen weiter. Bald kommen wir in das Industriegebiet von Ourense. An der Strasse wirbt eine Bar für Huevos Fritos (Spiegeleier). Ich lasse mich nicht zweimal bitten und Cornelius schliesst sich mir an. Ursula genehmigt sich etwas Süsses zum Kaffee.

Nachdem wir in den letzten Tagen mit Etappen in traumhaft schönen Gegenden verwöhnt worden sind, fühlt sich die heutige Strecke für mich etwas monoton an. Aber mit dem Durchqueren des malerischen Dorfes Seixalbo mit seinen massiven Steinhäusern muntert sich meine Stimmung sofort wieder auf. Danach folgt der Abstieg in den Talkessel von Ourense. Diese Stadt liegt im Flusstal des Río Miño auf 125 MüM und die erwartete Temperatur soll heute bei 37° liegen.

Wir sind um 12 Uhr bereits bei der Herberge, die öffnet jedoch erst um 13 Uhr. Ich setze mich in den Schatten und passe auf die Rucksäcke auf, während Ursula und Cornelius den nebenan liegenden Kreuzgang des Klosters San Francisco besichtigen. Um 13 Uhr checken wir ein. Ich möchte heute nicht zu Mittag essen, sondern am Abend in der Stadt die Atmosphäre geniessen und einige Tapas essen. Perfekt für alle.

Wir machen eine lange Siesta, da wir sicher nicht vor 17 Uhr nach draussen gehen können. Unseren Abendrundgang beginnen wir mit dem Einkauf für morgen. Anschliessend gehen wir hinunter in die Altstadt. Die Temperaturanzeige bei der Apotheke zeigt um 18 Uhr immer noch 37° an.

Wir besichtigen die Kathedrale aus dem 12. und 13. Jh. mit dem sehenswerten Hauptportal und holen uns einen Pilgerstempel für unseren Pilgerausweis. Dann geniessen wir ein Eis auf der Plaza Mayor. Die Besichtigung der römischen Brücke lassen wir für heute aus, da wir sie morgen auf dem Weiterweg überqueren werden.

Wenn die Temperatur so hoch ist wie jetzt, werden über den wichtigen Plätzen und Strassen grosse weisse Sonnensegel aufgehängt, damit die Menschen sich im Schatten bewegen können.

Später setzen wir uns bei einer Bar draussen hin, essen einige Tapas und trinken ein Glas Albariño. So fühlt sich Sommer im Süden an!

52 Ourense – Cea

Heute ist wieder einmal Sonntag. Die Wetterprognose sagt wieder einen heissen Tag voraus und so gehen wir nach 6 Uhr los. Es ist ein klarer milder Morgen und uns kommen viele junge Nachtschwärmer entgegen. Erstaunlicherweise sind einige Bars um diese Zeit schon offen. Sie öffnen am Sonntagmorgen, um die vielen jungen Leute auf dem Heimweg bewirten zu können. Obwohl wir in der Nähe der Herberge schon gefrühstückt haben, genehmigen wir uns nochmals einen Kaffee. Dann überschreiten wir die schöne römische Brücke über den Río Miño, bevor der Aufstieg aus dem Talkessel heraus beginnt.

Ab Ourense werden viel mehr Pilger unterwegs sein. Ourense – Santiago sind etwas über 100 km. Wer die letzten 100 km bis nach Santiago de Compostela zu Fuss geht, kann im Pilgerbüro in Santiago seinen Pilgerpass mit den erforderlichen Stempeln vorlegen und erhält die begehrte Compostela, welche dem Pilger Ablass von seinen Sünden verspricht.

In den verschiedenen Pilgerführern sind drei unterschiedliche Varianten für diese Etappe beschrieben. Ursula ist früher den westlichen Weg gegangen und schimpft heute noch über die mühsamen ersten 10 km auf dem Seitenstreifen der vielbefahrenen Strasse mit einer knackigen Steigung. Ich hatte mich damals für die östliche Variante entschieden, wollte dann aber über eine Querverbindung zur westlichen Seite gelangen. Leider hatten wir die Querverbindung nicht gefunden und mussten lange Kilometer der Strasse entlang gehen.

Die 3. Möglichkeit ist meiner Ansicht nach die schönste. Zu Beginn die Ost-Variante, dann eine Querverbindung in Richtung Westen und schlussendlich den Rest des Weges auf der West-Variante. Und das wollen wir heute gehen.

Der östliche Weg führt relativ steil auf die umgebende Hügelkette hinauf. Von dort oben, 400 MüM, hat man eine traumhaft schöne Aussicht auf Ourense mit seinen interessanten Brücken über den Río Miño. Bei einer oben liegenden Häusergruppe sehen wir viele verbrannte Bäume. Ein Hausbesitzer erklärt uns, dass ein Feuer im vergangenen August hier gebrannt habe. Solche Feuer sehe ich öfters im Fernsehen, aber die Auswirkungen in Realität zu sehen, ist eindrücklich und macht irgendwie Angst.

Wir folgen dem Weg bis zu einer Strassenkreuzung, von der wir annehmen, dass dies die Abzweigung nach Liñares sei. Wie schon im Jahr 2011 ist aber weder Liñares noch Cea auf den Strassenschildern angegeben. Dem Sonnenstand nach laufen wir korrekt, also von Ost nach West. In einem Weiler fragen wir zur Sicherheit nochmals nach, aber wieder einmal wissen die Anwohner nichts über die vorhandenen Pilgerwege. Auf den Strassenschildern steht immer wieder Amoeiro und das ist nicht in unserem Pilgerführer enthalten. Plötzlich erreichen wir eine kleine Streusiedlung und es ist Liñares! Wir sehen auch wieder die vertrauten Pfeile und Wegsteine.

Die vielen schönen Trails versetzen uns in übermütige Abenteuerstimmung. Ein Picknickplatz im Schatten der Bäume lädt zu einer Pause ein. Dann stehen wir plötzlich vor der kleinen originellen Pilgerstation von César. Ein ehemaliger Pilger lädt ein zu einem Getränk und einigen Keksen. Er freut sich, mit uns seine Erinnerungen an frühere Reisen zu teilen. Nach einer kurzen Rast müssen wir weiter, es bleiben uns noch 10km. Wieder laufen wir auf schönen Wald- und Feldwegen bis zu der alten Steinbrücke von Ponte Mandrás. Bei einer Bar legen wir nochmals einen Trinkstopp ein. Ich trinke eine 5 dl Aquarius Flasche ex, und fülle mit einer weiteren Flasche meinen Trinkvorrat auf. Nach weiteren 5 km auf schönen Pfaden durch Wälder erreichen wir Cea. Schon bevor wir den Ortskern erreichen, sehen wir grosse Plakate, die für das Holzofen Brot von Cea werben.

Wir werden in der Pilgerherberge übernachten. Bei Ankunft wählen wir unser Bett aus und gehen anschliessend direkt zum Mittagessen. Anstatt des üblichen Stangenbrotes aus Weissmehl erhalten wir heute die Spezialität - Holzofenbrot aus Cea.

Danach folgt unser übliches Prozedere: duschen, waschen, Siesta. Nach 16 Uhr kommt ein Hospitalero vorbei und wir können einchecken. Danach gehen wir einkaufen und geniessen die milden Abendstunden auf der Plaza.

Die Herberge ist fast vollständig besetzt. Wir kennen die wenigsten Pilger, da viele von ihnen nur die letzten 100 km von Ourense bis nach Santiago gehen.

53 Cea – Castro Dozón

An der Hauptstrasse von Cea hat es seit neuem eine Bar, welche schon frühmorgens Frühstück für Pilger anbietet. Das sind die Annehmlichkeiten auf viel begangenen Wegen. Nach dem Frühstück laufen wir los.

Ab Cea hat es wieder zwei Wegvarianten. Die direkte, mit langen Teilstücken auf der Strasse und den Umweg über das Zisterzienserkloster Oseira. Auf dieser Variante sind viele Passagen auf Naturwegen. Wir wählen den Weg über Oseira.

Ein traumhaft schöner Weg erwartet uns. Wie gestern sind es praktisch ausschliesslich Trails durch Wälder, vorbei an alten Steinmauern und Wiesen, die mit ihrem Morgentau eine mystische Atmosphäre verbreiten. Stetig, aber moderat, überwinden wir die Höhendifferenz. Wir gehen die ganze Strecke, ohne einen einzigen Menschen zu sehen und stehen plötzlich vor diesem imposanten Kloster, das in absoluter Einsamkeit steht.

Es ist kurz nach 9 Uhr, das Kloster kann aber erst ab 10 Uhr besichtigt werden und die Besichtigung würde eine Stunde dauern. Ursula hat das Kloster im Jahr 2009 besichtigt, ich will meinen Fuss schonen und Cornelius möchte weitergehen. Wir entscheiden uns fürs Weitergehen, jedoch erst nach einem Kaffee bei der kleinen Bar neben dem Kloster. Anschliessend nehmen wir den langen steilen Aufstieg hinter dem Kloster in Angriff.

Von oben kann man die Grösse der Anlage gut sehen. Es erstaunt mich immer wieder, dass in früherer Zeit so grosse Gebäude in der Abgeschiedenheit überhaupt gebaut werden konnten.

Dann aber erfordert der Aufstieg auf dem alten Steinpfad unsere ganze Aufmerksamkeit. Oben angelangt setzen wir uns auf Steinmauern in den Schatten und essen unser Picknick. Dann geht es während ca. 3 Std abwechselnd auf und ab. Die Ausblicke ändern sich immer wieder und durch die klare Luft kann man sehr weit sehen.

Am Weg passieren wir kleine Weiler. Dann sehen wir plötzlich ein abgebrochenes Holz-Schild 'BAR'. Durch eine Querverbindung gelangen wir zu einer einfachen Bar mit einer einladenden Terrasse und trinken etwas.

Wir laufen weiter durch Gebiete mit Landwirtschaft. In einiger Entfernung sehen wir immer wieder Zonen mit hohen Eukalyptus Bäumen. Galicien und auch Nordportugal haben vor langer Zeit begonnen diese Bäume anzupflanzen. Sie wachsen sehr schnell und das Holz wird für die Papierindustrie verwendet. Leider wusste man damals nicht, dass diese Bäume alle anderen Pflanzen in der Umgebung verdrängen und nur Farn sich durchsetzen kann. Zusätzlich benötigen diese Bäume viel Wasser und sie brennen auch sehr schnell. Das erklärt zum Teil die in den letzten Jahren auftretenden riesigen Waldbrände.

Dann stehen wir plötzlich an der N-525 Nationalstrasse Ourense – Santiago. Ab hier gehen wir auf dem Seitenstreifen die restlichen Kilometer bis nach Castro

Dozón. Die Pilgerherberge ist neu gebaut, praktisch am selben Ort wie früher, aber viel schöner und luftiger. Mein Bett steht neben einer Fensterfront und ich kann aus meinem Schlafsack heraus den Sternenhimmel sehen.

In der Herberge sind wir zehn Pilger. Dabei ist ein junger Kanadier mit einer schweren Tendinitis im Knie. Er kann nicht mehr weitergehen. In Ermangelung einer direkten Bus-Verbindung nach Santiago wird er morgen zuerst nach Ourense zurückkehren, um von dort mit dem Direktbus nach Santiago fahren. Er ist sehr enttäuscht, so hatte er sich die Ankunft in Santiago nicht vorgestellt. Ich erzähle ihm von etlichen Pilgern, die ihren Pilgerweg so abbrechen mussten, aber dann im Folgejahr die fehlende Strecke gelaufen sind. Wenn man eine Perspektive hat, ist so eine Situation plötzlich nicht mehr so schlimm.

54 Castro Dozón – Laxe

Während den frühen Morgenstunden hat der Wind stark aufgefrischt. Wir stehen um 05.40 Uhr auf, essen ein mageres Albergue-Frühstück und gehen los. Ich kann mich erst gar nicht an die heutige Etappe erinnern. Mal schauen was mich erwartet. Zuerst laufen wir eine Stunde der Carretera entlang, die fast nicht mehr befahren wird, seit die Autobahn fertig erstellt ist. Links an der Strasse ist ein grosses Restaurant, das erst um die Mittagszeit öffnet.

Die Morgenstimmung ist unglaublich. Immer wieder bleiben wir stehen und fotografieren den spektakulären Sonnenaufgang.

Es folgen schöne Waldwege und ein ständiges Auf und Ab. Dann geht es über die Autobahn und ab da erinnere ich mich wieder an die Strecke. Nach drei Stunden erreichen wir die Ortschaft Estación Lalin. Wir werden, steil aus dem Wald kommend, auf eine Strasse 'herausgespuckt'. Linkerhand hat es einen grossen Kreisel und direkt daneben befinden sich einige Restaurants, die Spiegeleier anpreisen. Was bestellen wir wohl??

Nach der Spiegeleier-Pause folgt ein strammer Aufstieg und weiter geht es über schattige Wald- und schöne Feldwege. Dann kommt wieder so ein krasser Übergang. Aus einem schattigen Waldweg heraus kommt man bei der Autobahn und der Carretera heraus. Auf dem Seitenstreifen gehen wir noch einen Kilometer bis zur Albergue. Um 12 Uhr sind wir da, sie öffnet aber erst um 13 Uhr. Im Schatten auf einer Bank warten wir. Einchecken, Bett beziehen und dann zum Mittagessen in die nahe gelegene Bar.

Cornelius geht jetzt bereits den 6. Tag mit uns und er fühlt sich anscheinend wohl. Er ist ein guter Läufer, ein angenehmer Pilger-Kumpan und dazu auch noch ein lustiger und fröhlicher Mensch. In der Zwischenzeit weiss auch er, dass man mit uns keinen Hunger leiden muss, da wir immer ein Restaurant mit landestypischen währschaften Mahlzeiten finden. Für einen grossen hageren Mann, der viel essen mag, sind Sandwiches als Nahrung während einer langen Pilgerschaft nicht optimal.

Ernährung auf den Caminos

In der Zwischenzeit kennen die Leser*innen dieses Buches unsere Ernährungsgewohnheiten. Wir achten auf eine ausgewogene Ernährung und verpflegen uns ausschliesslich in lokalen Restaurants. Dazu haben wir natürlich auch immer etwas Proviant dabei, bei mir sind es bevorzugt Mandeln und getrocknete Aprikosen oder Cranberrys.

Viele Pilger*innen kochen in den Herbergen ihr Essen selbst und ernähren sich vorwiegend von Teigwaren und Wurstwaren. Von mir aus gesehen keine optimale Wahl. Ich weiss in der Zwischenzeit, dass die Pilger, welche kein Spanisch sprechen, von der Auswahl der Speisekarten überfordert sind. Mein Rat geht daher an zukünftige Santiago Pilger, lernt im Vorfeld Spanisch oder lässt euch von Spaniern eine Auswahl an Gerichten aufschreiben, sodass ihr nicht 6 Wochen lang dasselbe essen müsst.

55 Laxe – Bandeira

Wir fühlen uns wirklich privilegiert, die Wetterprognose verspricht weiterhin schönes Wetter und über 30° heiss. Weil die Bar in Laxe erst um 8 Uhr zum Frühstück öffnet, haben wir uns gestern Abend nochmals für ein mageres Albergue-Frühstück entschieden und gehen bereits um 06.30 Uhr los. So früh, um vor der grossen Hitze in Bandeira zu sein.

Wie schon gestern und vorgestern ist es ein ständiges Auf und Ab auf sehr schönen Wegen. Galicien ist dank der üppigen Vegetation überall sehr grün. Nach zwei Stunden sind wir bei der Römerbrücke, die über den Fluss Deza führt. Danach führt ein Teilstück des Weges auf römischen Pflastersteinen aus dem Tal hinauf bis zur N-525. Sofort führt der Weg aber wieder von der Strasse weg in die schattigen Wälder.

Bald folgt denn auch der erste Ort 'Silleda', wo wir uns Zeit für einen Kaffee und etwas Süsses nehmen. Ab Silleda löst die Wegführung bei mir keine Begeisterung aus. Der Weg führt der Carretera entlang. Wenn sich aber ein Haus direkt an der Strasse befindet, geht der Weg den Hang hinunter und über irgendwelche Hintergasse, um dann wieder zur Strasse hochzusteigen.

Wegen dieser Wegführung entscheide ich mich für die Strassen-Variante. Cornelius kommt auch mit. Zügig laufen wir die restlichen 8 km auf dem Seitenstreifen der vielbefahrenen Strasse. Irgendwann sehen wir die weissen Häuser von Bandeira und rechnen uns aus, dass wir um die Mittagszeit dort sein werden.

Nach der Ankunft setzen wir uns auf die schattige Terrasse des Hostals und warten auf Ursula. Wie vermutet, kommt sie 15 Min. später auch an. Einchecken, essen, und Siesta. Bandeira ist ein langgezogenes Dorf an der vielbefahrenen N-525, und bietet eigentlich nichts Spannendes.

Ich benütze den freien Nachmittag, um Haare zu waschen und wieder einmal in Ruhe meine Hände und Füsse zu pflegen. Auch kann ich alle Wäsche waschen, da sie in der Hitze sehr schnell trocknet.

Morgen wird unser zweitletzter Tag auf diesem Camino sein. Das gibt mir die Gelegenheit, über die vergangenen zwei Monate nachzudenken. Ursula und ich machen uns immer wieder mal ein Spiel daraus, die einzelnen Etappen aufzuzählen und spezielle Erlebnisse Revue passieren zu lassen. Wie z.B. Amapolas singen, den Aufenthalt in Toledo, Sprinkleranlagen ausweichen, Hasen zuschauen, Vögel fotografieren, Essen in Puebla de Sanabria, etc.

56 Bandeira – A Vedra

Am Morgen ist es dunstig und die Luftfeuchtigkeit ist sehr hoch. Nach einem guten Frühstück starten wir. Der Weg führt auf kleinen Strässchen und durch Wälder, Felder und vorbei an Weilern mit den typischen Steinhäusern. In einem Dorf wird ein Haus restauriert. Das erinnert mich an Klosters, als auch grosse Steinblöcke verwendet wurden, um die Flussmauern des Flusses Landquart zu erneuern.

Nach 3 Stunden erreichen wir die Anhöhe bei 'Ponte' (Brücke) Ulla. Die Aussicht ist beeindruckend. Vor uns zieht sich ein breites Tal dahin und zwei imposante Brücken überspannen das Tal und den Fluss. Die kleinere ist die Eisenbahnbrücke der Bahnstrecke Ourense – Santiago. Die grosse wurde für den AVE erstellt. Als Ursula im Jahr 2009 hier durchging, war die neue Eisenbahn-Brücke noch im Bau. Bei meiner Schwester und mir im Jahr 2011 war sie zwar fertig, aber noch nicht in Betrieb. Jetzt fährt bereits der AVE darüber.

Nachdem wir genug geschaut und auch fotografiert haben, geht es steil hinab und über die alte Steinbrücke nach Ponte Ulla. Am Ende der Brücke befindet sich das Restaurant Rios, das uns mit köstlicher Tostada und Huevos Fritos erwartet.

Nach dieser Zwischenmahlzeit steigt der Weg aus dem Flusstal wieder an und um die Mittagszeit sind wir oben in A Vedra, einer Streusiedlung, wo sich die Pilgerherberge der Xunta de Galicia (Galicische Landesregierung) befindet. Gegen 13 Uhr wird geöffnet. Die Hospitalera ist noch dieselbe wie im Jahr 2011. Freundlich und kompetent. Wir beziehen unsere Betten und erkundigen uns nach dem

Restaurant, das etwas weiter unten inmitten der Rebberge liegt. Leider ist es seit 2 Jahren geschlossen.

Die Hospitalera hat für uns Pilger aber eine Alternative bereit. Sie bietet 'Essen auf Bestellung' an, welches wir sehr gerne annehmen. Unsere Bestellung sieht aus wie für eine Grossfamilie: 3 x gemischter Salat, 3 x Spiegeleier mit Chorizo, 3 x Brot, 1 Fl. Albariño, 3 grosse Flaschen Wasser, als Dessert 3 x Käse mit Membrillo (Quittenpaste). Kaffee gibt es aus dem Automaten. Dazu bestellen wir noch 3 Bocadillo und 3 Jogurt für das Frühstück von morgen. Alles zusammen kostet 67 €. Für mich sind es Riesen Portionen aber zum Glück hat Cornelius einen grösseren Appetit als ich und es bleiben keine Resten übrig.

57 A Vedra – Santiago de Compostela

Es ist Freitag, der 20. Juni. Der Wetterbericht im TV sagt einen Wetterwechsel für das Wochenende voraus. Meine Wetter App, WeatherPro, die ich schon seit Jahren benütze, sagt ab 17 Uhr Gewitter mit Regenschauer voraus. Frühmorgens ist es bewölkt und dunstig. Die Luftfeuchtigkeit liegt bei 89% und ich kann bald meine Jacke ausziehen.

Zuerst geht der Weg über eine längere Strecke durch einen Wald, dann immer wieder auf kleinen Strässchen vorbei an Weilern und einzelnen Häusern. Man sieht und spürt die Nähe zu einer Stadt und den damit verbundenen Wohlstand.

Kurz vor 8 Uhr sehen wir an der Strasse vor uns ein Restaurant, dessen Rollläden aber geschlossen sind. Doch wie wenn jemand unsere Kaffee Wünsche gehört hätte, öffnet sich ein Laden nach dem anderen. Und als wir die Strasse überqueren, wird auch die Türe geöffnet. Besser kann man es nicht treffen. In Anbetracht unseres heutigen Zieles verweilen wir nicht lange und machen uns wieder auf den Weg. Erneut führt der Weg über Hügel, hinauf und hinunter. An der tiefsten Stelle, bei einem keinen Bach steht eine Kapelle.

Danach beginnt der letzte Aufstieg aus dem Tal herauf. Bald führt der Weg über eine Brücke der AVE Strecke wo vor einem Jahr das schreckliche Zugsunglück geschah. Auf der Brücke hängen immer noch zahlreiche Andenken, Fotos und Grussbotschaften. Auf einem grossen handgeschriebenen Plakat steht: 47 Muertos, 46 Heridos, 0 Culpable.

Das macht mich sehr betroffen. Cornelius weint leise. Es dauert einige Zeit, bis wir unsere Emotionen wieder in den Griff bekommen.

Um 10.30 Uhr kommen wir in Santiago an. Wie alle anderen Pilger auch, gehen wir zuerst auf den grossen Platz vor der Kathedrale, die Praza do Obradoio. Hier treffen alle Jakobswege zusammen. Ich geniesse erst einmal dieses schöne Gefühl, angekommen zu sein. Auf diesem Platz zu stehen, ist für jeden Santiago-Pilger hoch emotional.

Leute umarmen sich spontan und die meisten sind überglücklich. Es hat aber auch immer wieder Pilger, die aus Erschöpfung oder anderen Gefühlen heraus weinen. Nicht selten trifft man hier Mitpilger, die man seit Tagen oder Wochen nicht mehr gesehen hat

Ursula und ich sind schon viele Male in Santiago angekommen und trotzdem ist diese Ankunft auch für uns immer wieder etwas Besonderes.

Für Cornelius ist es das erste Mal und er ist überglücklich, nach diesen langen 1'000 km auf der Via de la Plata sein Ziel erreicht zu haben.

Beim ehemaligen Pilgerbüro neben der Kathedrale stehen die angekommenen Pilger schon Schlange. Wir hoffen, dass die meisten um 12 Uhr in die Pilgermesse gehen werden und setzen uns deshalb zuerst in eine Bar zu einem Getränk hin. Aber falsch gedacht. Nach Mittag ist die Warteschlange zwar etwas kürzer geworden, trotzdem stehen wir noch eine gute Stunde für den Erhalt der Compostela (Pilgerurkunde) an. Anschliessend gehen wir direkt zum Mittagessen.

Nach dem Essen gehen wir in unser gebuchtes Hotel. Am Abend treffen wir drei uns wieder und gehen noch in die Abendmesse in die Kathedrale.

Camino de Santiago / Jakobsweg
Bevor Ursula und ich uns morgen auf den Weiterweg von Santiago nach Fisterra machen, nehme ich mir Zeit meine Gedanken zum Thema Pilgern ausführlicher niederzuschreiben.

Was ist ein Jakobsweg? Ein Jakobsweg ist ein Pilgerweg, der das angebliche Grab des Apostel Jakobus in der Kathedrale von Santiago de Compostela zum Ziel hat.

Warum begeben sich Jahr für Jahr hunderttausende von Menschen auf einen Jakobsweg? Menschen jeden Alters, jeglicher Herkunft und jeder Nationalität?

Ist es, weil eine Faszination von diesem Weg ausgeht?
Ist es, der Glaube an eine höhere Macht?
Ist es, um einen neuen Lebensabschnitt zu beginnen?
Ist es, um einen Abschied zu verarbeiten?
Ist es, um neues Terrain zu erkunden?
Ist es, um sich auf Wesentliches zu konzentrieren?
Ist es, um Teil der Pilgerbewegung zu sein?

Diese Fragen, die auch auf der Rückseite meines Buches zu finden sind, stellen nur eine kleine Auswahl der möglichen Gründe dar. Für mich war die 3. Frage, der neue Lebensabschnitt, der ausschlaggebende Grund. Nach über 44 Jahren Arbeitsleben, meistens in starren Strukturen, war die Möglichkeit, einfach aufbrechen zu können und etwas ganz Neues auszuprobieren, genau das, was ich tun wollte. Unbekannte Gegenden von Spanien zu Fuss zu erkunden. Als Pilgerin einen der Jakobswege zu gehen und Teil der Pilgergemeinschaft zu sein. Pilger zu treffen und mit ihnen einen gemeinsamen Weg und ein gemeinsames Ziel zu haben. Im Nachhinein beurteilt, war das für mich der optimale Start ins Rentnerleben.

Erfordernisse an Körper und Seele auf Jakobswegen
In diesem Buch habe ich bis jetzt noch wenig über die Anforderungen an unseren Körper und an unsere Seele auf den Jakobswegen geschrieben.

Der Körper – was braucht er?
Training, Fitness, gut eingegangene Schuhe, einen Rucksack der perfekt sitzt und nicht allzu schwer ist (max. 10 % des eigenen Körpergewichts), bequeme Kleidung (am besten eignet sich Funktionskleidung, da sie sehr leicht ist und schnell wieder trocknet), Regenjacke, Regenhosen und einen Schlafsack.

Das mit dem optimalen Training ist nicht einfach zu definieren. Zuhause sollte man spätestens einen Monat vor der Abreise damit beginnen, täglich mit Rucksack zu laufen, um die Schultern an das Gewicht zu gewöhnen. Aber, keiner geht einen Monat lang jeden Tag 5-6 Stunden als Training. Die meisten denken, das Training komme dann mit dem Camino.

Ich denke das kann ok sein, ABER nur, wenn die Etappen, vor allem am Anfang nicht zu lang sind, und man auch Ruhetage einplant. Das hilft die Erschöpfungsphasen gut zu überstehen und dem Körper Zeit zu geben sich zu erholen. Bei mir sind seit Beginn meiner Camino-Zeit die Etappen um 20 bis 25 km lang. Sehr wichtig sind für mich auch die Ruhetage, die es mir ermöglichen auch lange Caminos ohne Probleme zu gehen.

Die Seele – was braucht sie?

Das finde ich eine schwierige Frage. Sehr persönlich und emotional. Auf einem Pilgerweg trifft man viele Menschen. Es gibt Pilger, die von Anfang an klar machen, dass sie allein gehen möchten. Für mich ist das ok. Es gibt aber auch solche, die sich einfach anhängen und einem sofort und am liebsten während Stunden den Kopf vollquatschen. Für mich eher nicht ok.

Aus meiner Erfahrung haben viele Menschen ein gutes Gespür dafür, ob man sich auf der gleichen 'Wellenlänge' befindet. Auf meinen vielen Caminos habe ich auf jeden Fall viele großartige Menschen kennen gelernt. Menschen, die in der Zwischenzeit zu Freunden geworden sind und die ich ohne einen Camino nie getroffen hätte.

Meine Seele braucht eigentlich nur das, was mir der Camino auch geben kann. Ein Umfeld in dem ich mich wohlfühle. Es fühlt sich gut an, den Gedanken Freiraum zu lassen. Es ist wie meditatives Gehen über einen langen Zeitraum.

↑ Getreidefelder /Brücke am Río Esla ↓

↑ Hoch über dem Río Esla / Faramontanos de Tábara ↓

↑ Blicke zurück / Begegnungen auf dem Camino ↓

Santiago Peregrino
Die älteste bekannte Darstellung eines pilgernden
Jakobus (11. Jh.)
am Südportal der romanischen Kirche von
Santa Croya de Tera

↑ Abstieg vom A Canda Pass / 1'000 km Marke ↓

↑ Panoramaweg über dem 'Das Portas' Stausee

↑ Traumpfad zum Felsdurchgang / und Rast ↓

↑ Ourense mit dem Río Miño / Klosters Oseira ↓

↑ Santiago in Sichtweite / Das Ziel erreicht ↓

TEIL DREI
SANTIAGO - FINISTERRE

58 Santiago de Compostela – Negreira

Gestern sind wir in Santiago angekommen. Normalerweise bleiben wir nach der Ankunft noch mindestens einen weiteren Tag in Santiago, um diese spezielle Atmosphäre zu geniessen. Für diesmal haben wir uns aber schon im Voraus entschieden, direkt weiter nach Finisterre (Fisterra) zu gehen, um unser Projekt zu beenden.

Während der Nacht hat es stark geregnet, aber am Morgen ist es trocken und von unserem Zimmer aus kann man die schöne Morgenstimmung sehen. Frühstück gibt es ab 07.30 Uhr. Cornelius kommt auch noch runter, um sich zu verabschieden. Er wird sich später mit seiner Frau treffen, die heute mit dem Flugzeug in Santiago ankommen wird.

Ursula und ich laufen wieder los. Das Wetter ist viel schöner als angekündigt. Die Etappe beginnt schön, denn man ist sofort aus Santiago raus und unterwegs in der Wildnis. Nach kurzer Zeit steht bei einem Haus eine steinerne Jakobus Figur mit einer 'Azulejo' (Kachel), auf der die Aufforderung 'Ánimo' (Kopf hoch!) steht. Auch wenn der 'Camino de Fisterra' nur 100 km lang ist, finde ich solche Aufmunterungen einfach schön.

Die Etappe ist leicht zu gehen, obwohl zwei Altos (Bergübergänge) zu überwinden sind. Nach dem ersten Alto hat es bei einer Strassenkreuzung ein grosses Restaurant und alle Pilger machen hier eine Pause. Es sind wirklich viele Pilger*innen unterwegs, so wie Carlos (Zamora) es angekündigt hat. Viele junge Leute vom Camino Francés, eine grosse Gruppe Portugiesen und viele Italiener.

Der Weg führt viel durch Eukalyptus Wälder. Diese Wälder riechen zwar gut aber für mich sind es wie tote Wälder. Man hört kein Vogelgezwitscher und sieht auch keine Hasen.

Nach einigen Stunden erreichen wir Ponte Maceira. Ein kleiner Ort am Weg, mit einer schönen römischen Brücke. Wir nehmen uns Zeit für einige Fotos und laufen danach bis Negreira durch.

Weil wir erst um 08.30 Uhr losgegangen sind, wird es 14 Uhr bis wir in Negreira ankommen. Wir gehen in die private Herberge San José und werden, wie immer, sehr freundlich empfangen. Beim ersten Mal als ich in dieser Herberge war, hat eine junge Frau vor Freude laut aufgeschrien, als sie meinen Ausweis sah. 'Oh, du bist aus der Schweiz und noch dazu aus dem Kanton Graubünden'. Wie sich herausstellte, war sie als Kind von galicischen Emigranten in Chur, in der Schweiz, aufgewachsen. Jetzt ist sie mit ihrem Mann nach Galicien zurückgekehrt.

Anschliessend gehen wir zum Essen in das Restaurant O Noso Lar, ein Tipp der Herberge. Es sind nur Einheimische hier und das Essen ist hervorragend. In der Herberge haben wir noch kurz Benito getroffen, ein Pilger, den wir schon lange kennen. Er wird auch im gleichen Restaurant essen.

Am Nachmittag wieder Pilger-Duties. Siesta, duschen, waschen. Danach einkaufen und uns auf die Suche nach einer Bar für das Frühstück machen.

Nachher sitzen wir in der Abendsonne bei einer Bar an der Strassenkreuzung. Es kommen immer noch viele Pilger vorbei, die in der Herberge der Gemeinde übernachten wollen. Diese Herberge liegt etwas ausserhalb von Negreira.

59 Negreira – Olveiroa

Am Morgen hat es erstaunlicherweise dichten Nebel. Wir frühstücken in der nahegelegenen Bar. Danach gehen wir wieder los. Es klart bald auf und wieder ist es schönstes Wetter. Die Wege sind angenehm zu gehen. Es hat sehr viele Pilger unterwegs, aber das stört uns nicht, da alle rundum zufrieden scheinen. Nach ca. 3 Stunden, in Vilaserio, ist eine Bar geöffnet und wir machen eine Kaffeepause. Dann laufen wir weiter. Bei einer Anhöhe gibt es wirklich schöne Ausblicke und Fotosujets. Danach führt der Weg stetig leicht bergab.

In Santa Mariña (nach 22 km) steht ein Taxi. Wir haben keines bestellt, auch wenn wir von hier aus die restlichen 10 km nicht mehr gehen möchten. Das Taxi bringt aber zuerst drei Männer nach Olveiroa und kommt dann zurück. Während wir warten, trinken wir etwas und unterhalten uns mit den anderen Pilgern. Dann ist das Taxi wieder da und bringt uns zur Casa Loncho in Olveiroa. Die Zimmer im Hostal sind leider ausgebucht, und so schlafen wir ein letztes Mal auf diesem Camino in der Herberge. Nach 16 Uhr sitzen wir auf der Terrasse der Bar und es beginnt zu regnen. Immer wieder gehen Pilger vorbei, die die ganzen 32 km gelaufen sind. Inzwischen sind die Betten in der Herberge auch ausgebucht. Im Dorf hat es noch eine Herberge der Gemeinde und in 6 km Entfernung befindet sich eine weitere private Herberge. Wenn erschöpfte Pilger in der Bar nach einem Bett fragen, und ganz Olveiroa ausgebucht ist, kann es schon vorkommen, dass der Besitzer sie in die 6 km entfernte Herberge fährt.

Olveiroa ist ein kleiner Ort (ca. 120 Einwohner), der als Etappenort am verlängerten Pilgerweg von Santiago nach Finisterre liegt.

Die private Herberge 'Casa Loncho' ist ein Familienbetrieb, in welchem alle Familienmitglieder mitarbeiten. Kompetent und freundlich.

Am späteren Nachmittag ist das Restaurant voll besetzt, da alle Pilger, ca. 60 an der Zahl, hier essen möchten. Ich bin erstaunt, wie gut der Service funktioniert, obwohl nur wenige Pilger spanisch sprechen.

60 Olveiroa - Fisterra

Am Morgen ist es stark bewölkt und wir erwägen sogar, die Regenhose anzuziehen. Gehen dann aber trotzdem ohne los. Es ist eine mystische Stimmung und es sind wieder viele Pilger unterwegs. Der Weg steigt schnell in Richtung der Windräder an, biegt dann aber auf einen Panoramaweg ab. Links unten befindet sich ein Stausee. Ab Hospital trennt sich der Weg. Links geht es in Richtung Meer und über Cee und Corcubión nach Fisterra. Die rechte Abzweigung führt über Dumbria nach Muxía weiter.

Wir haben uns für die linke, direkte Variante nach Fisterra entschieden. Bald wird es heller, noch windig, aber zusehends sonniger. Sobald man das Meer und in weiter Ferne das Cap Finisterre sehen kann, halten wir immer wieder an für Fotosessions. Unterwegs treffen wir vermehrt Pilger, die auch die gleiche Etappe wie wir gehen.

In Cee, einer grösseren Stadt an einer Meeresbucht, halten wir für einen kurzen Kaffeestopp, und laufen dann weiter dem Paseo Maritimo entlang. Am Ende der Bucht, in Corcubión, befindet sich ein Restaurant wo wir essen möchten. Es ist 13 Uhr und wir müssen uns noch 10 Minuten gedulden, bis man Essen serviert. Im Menu gibt es: Vorspeise: Eine Gemüseplatte, die gut für 3 – 4 Personen gereicht hätte. Hauptspeise: Ternera en salsa (Rindsbraten an Sauce).

Kurz nach der Vorspeise folgt auch der Hauptgang. Mir wird ein grosser Teller hingestellt, auf welchem sich ca. 6 Bratenscheiben befinden. Es ist sehr viel, aber wir denken, dass es für uns beide sein wird. Falsch gedacht! Ursula erhält auch so einen Teller. Wir geben einen davon sofort zurück und schaffen es trotzdem nicht, die ganze Portion zu zweit zu essen.

Nach 14 Uhr laufen wir weiter. Zuerst kommt der Aufstieg nach San Roque, den ich entgegen der Beschreibung im Pilgerführer, nicht als extrem steil empfinde. Nach der Überschreitung des Hügelzuges senkt sich die Strasse wieder und wir kommen zu den Stranddörfern Estorde und Sardiñeiro. Nach diesen beiden Dörfern zieht sich der Weg der Küste entlang. Links das Meer, in den schönsten Blau- und Türkistönen leuchtend, rechts leuchtet die Hügelkette in intensivem Ginstergelb.

Wir gehen unserem Gesamtziel Fisterra entgegen.

So langsam sieht es gewitterhaft aus. Wir beeilen uns, um noch vor dem Gewitter in Fisterra anzukommen. Ankunft im gebuchten Hostal um 17 Uhr. Ich fühle mich ausgelaugt und weiss auch genau, warum ich normalerweise solche langen Etappen meide.

ANGEKOMMEN LLEGADO

Was für ein Gefühl! Wir haben es wirklich geschafft.
1'300 km zu Fuss durch ganz Spanien. Wir würden es am liebsten laut hinausposaunen und der ganzen Welt erzählen. Aber vorerst geniessen wir es einfach.

↑ Pilger auf der Plaza Obradoiro/Kathedrale von
Santiago ↓

Jakobsstatue auf dem Weg nach Finisterre

↑ Ponte Maceira / Hórreo (Getreidespeicher) ↓

↑ Auf dem Weg von Negreira nach Olveiroa ↓

↑ Pilger kurz vor Cee / Blick auf Corcubión ↓

↑ Barfuss im Atlantik / Cabo Finisterre bei km 0 ↓

61 Ruhetag in Finisterre

Unser Hostal liegt direkt am Hafen von Fisterra. Die Seemöwen kreischen laut, es ist sonnig und es riecht nach Meer. Wir sind schon so viele Male in Fisterra gewesen und fühlen uns hier wie zuhause. Zum Frühstück gehen wir in die Bar Frontera, gegenüber unseres Hostals. Wir begrüssen die Besitzer, die wir natürlich schon lange kennen und geniessen es, auf der Terrasse am Hafen zu sitzen.

Was will ich mehr? Ich bin einfach nur glücklich!
Dies könnte ich wahrscheinlich in der 'Wir-Form' schreiben.
Was wollen wir mehr? Wir sind einfach nur glücklich!

Nach dem Frühstück laufen wir die 4 km ans Cap Finisterre, dorthin wo sich der Kilometerstein 0 km befindet. Aufs Meer hinausschauen, uns mit anderen Pilgern unterhalten, Smaragdeidechsen zuschauen. Einfach die Seele baumeln lassen.
Dann machen wir uns langsam auf den Weg zurück nach Fisterra zum Mittagessen und zur Siesta, bevor es an den Langosteira Strand geht. Wir wollen unser Motto 'Dal Mediterráneo al Atlantico' noch erfüllen. Wir stehen mit den Füssen im Meer und strahlen um die Wette. Unglaublich!
Wir haben es geschafft.

Und jetzt?

Ich beginne meinen Camino bereits jetzt zu vermissen!